创业之星

智慧点亮人生 汗水浇铸未来

安徽省“双创之星”事迹选编

下册

本书编写组◎编

安徽师范大学出版社
·芜湖·

责任编辑:吴毛顺　孔令清　祝凤霞　王–
责任校对:李　玲　舒贵波　何章艳　辛新新
装帧设计:陈　爽
责任印制:郭行洲

图书在版编目(CIP)数据

智慧点亮人生　汗水浇铸未来:安徽省“双创之星”事迹选编:全2册/《智慧点亮人生　汗水浇铸未来:安徽省“双创之星”事迹选编》编写组编. —芜湖:安徽师范大学出版社,2015.8

ISBN 978-7-5676-2170-1

Ⅰ.①智… Ⅱ.①智… Ⅲ.①青年先进人物–先进事迹–安徽省–现代 Ⅳ.①D432.62

中国版本图书馆CIP数据核字(2015)第186764号

智慧点亮人生　汗水浇铸未来:
安徽省“双创之星”事迹选编(全二册)
本书编写组　编

出版发行:安徽师范大学出版社
芜湖市九华南路189号安徽师范大学花津校区　　邮政编码:241002
网　　址:http://www.ahnupress.com/
发 行 部:0553-3883578　5910327　5910310(传真)　　E-mail:asdcbsfxb@126.com
印　　刷:安徽芜湖新华印务有限责任公司
版　　次:2015年8月第1版
印　　次:2015年8月第1次印刷
规　　格:710 mm × 1000 mm　1/16
印　　张:23
字　　数:437千
书　　号:ISBN 978-7-5676-2170-1
定　　价:59.80元(全二册)

目　录

丁国亮

中国科学技术大学

丁国亮，男，1983年生，中国科学技术大学工程科学学院2009级精密机械与精密仪器专业在读博士。2014年4月，丁国亮创办合肥中科瀚云信息科技有限公司，任执行董事、总经理。

公司以云计算和数据分析与可视化为核心，专注于智慧互联领域的高新技术研究与应用，研发具有自主知识产权的“云代码分析引擎”，创造性地在国内首次将云计算和大数据技术融入程序员编程能力的在线笔试与评测商业服务领域，公司注册资本500万元。公司成立时即以1 000万元人民币估值成功获得首轮投资。目前公司已与某国际知名投资公司达成投资意向，以500万美元估值进入Pre-A轮融资阶段。公司自2014年4月成立至2014年年末总收入超过40万元。

公司成立以来，已申请1项专利，获得7项软件著作权。公司主打产品“码道”云代码分析引擎，2014年获中国科学技术大学先进技术研究院技术创新项目立项；基于云代码分析引擎的程序员数据云系统，2015年获得安徽省留学人员科技活动项目立项。

在校期间，丁国亮专注于技术创新的同时，兼顾应用研究，积极将科技成果应用于现实产业。其策划的创业项目科技含量高、市场潜力大，分别获得安徽省第二届“挑战杯”全省大学生创业计划竞赛金奖、第五届“挑战杯”中国大学生创业计划竞赛铜奖、第六届“挑战杯”中国大学生创业计划竞赛金奖。

在美国学习期间，丁国亮深入国外互联网企业调研，了解国外新技术及行业发展。留学归国后，丁国亮积极响应国家和安徽省提高自主创新能力、鼓励创新创业的号召，先后创办合肥亦租信息科技有限公司和合肥中科瀚云信息科技有限公司，凭借扎实的技术基础和敏锐的市场意识，迅速找到突破口，以“云代码分析引擎系统”为核心，以程序员数据云应用为目标，实现了企业的快速合理布局。

创业过程中，核心技术攻关是团队面临的首要难题。在丁国亮的努力下，通过引进人才、技术合作，公司在较短的时间内形成了一支多专业结合的研发团队。在随后的关键技术研发过程中，丁国亮充分发挥领导作用，带领团队通过广泛调研、反复验证，得出了关键技术的合理实现路径，并通过严谨的开发策略和国际化的产品设计理念，为项目提前上线奠定了坚实的技术基础。产品上线后，经过用户的试用，获得了广泛的好评，为下一步产品迭代及市场推广提供了较好的用户基础。

创业之路布满荆棘，而团队在创业之初就表现出了良好的素质，也必将能以乐观、坚定的信心面对创业中的困难艰辛，享受创业带来的成就感。

丁 超

中国科学技术大学

丁超，男，1988年生，中国科学技术大学火灾科学国家重点实验室2013级博士生。2015年3月，丁超创办合肥丁点网络科技有限责任公司，任总经理。该公司的“智慧校园”项目已在中国科学技术大学试运行，并已与相关部门和公司签署合同。该项目的核心是为高校定制“智慧校园”开发模式、广告模式和交易佣金模式，开发“智慧校园”应用程序。

公司现有核心团队人员12人，其中技术人员7人，“智慧校园”项目投资金额为20万元。公司充分利用现有资源，通过各种整合手段使资源达到充分利用和推广的目的。运用的方法和手段包括微博推广、病毒式营销推广、信息发布推广、馈赠式推广等。这样不仅帮助目标用户更好地了解产品，而且鼓励其亲身参与到应用程序的管理中，有利于增强用户对使用产品的信心，提高产品的知名度和美誉度。公司成立5个月即实现营业收入9.5万元。

因为父亲经商，所以丁超自小脑子里就注入了创业的血液。进入校园，面对竞争激烈的环境，丁超有时会感到自卑，但是他并不想放弃，也不想白白浪费宝贵的青春时光，他不想做一个平庸的人，他想成为一个成功的、快乐的人。丁超儿时创业的梦想就被激活。为实现这个梦想，丁超精心规划并努力践行。在大学和研究生期间，他不仅学习本专业知识，同时还涉猎其他的知识；积极参加社会实践，加强交际能力，努力将理论与实践更好地结合；广交朋友，建立良好的人际关系，其中老师和同学都是重要的资源。在创业过程中，团队作战是创业成功的一个重要因素。学校给丁超提供了结识多方面人才的机会。在与他人交往的过程中，通过沟通交流，相互了解，丁超选择志趣相投、拥有创业激情的合作伙伴，为了共同的目标努力奋斗。如今丁超和几个合作伙伴已经成立了一家公司，虽然遇到了很多困难，但是因为有朋友们给予的无私帮助，他渡过了难关。创业道路充满坎坷，甚至会有无数次失败，但是丁超和他的团队不轻言放弃，他们把每一次失败当作学习的机会，积累经验，同时向更多的人学习，向着成功努力奋斗。如果被问及是想要一个被生活催逼着去买房买车结婚生子的生活，还是选择走自己的路实现梦想，他们断然会选择后者，并且正在践行。虽然这是一条看不见尽头的路，充满了孤独和艰险，但他们有梦想相伴。他们相信只要创业初心犹在，目标终能到达。作为中国科学技术大学的在读博士，他们毅然决然投身到了互联网创业的大潮中，他们创业是做了充足准备的。首先，他们明白自己要做什么，打造“智慧校园”O2O平台，服务广大高校。其次，他们的创业企划已经在执行，“智慧校园”一期产品已经顺利推出。再次，他们正赶上“互联网+”好时机，“智慧校园”O2O市场正处于萌芽时期。最后，他们善于学习和总结，从不怕输。创业，让梦想起航。

郭　俊

中国科学技术大学

郭俊，男，1990年生，中国科学技术大学工程科学学院仪器科学与技术专业博士生。2015年6月，郭俊及其团队成立合肥铁榔头教育科技有限公司。目前正在进行教育机器人平台的研发，同时机器人教育培训已经开始招生，并在2015年7月19日至22日的RoboCup机器人世界杯的布展期间，共招生340名。

团队创始人3人，包含1名博士生郭俊、1名本科生校友董旭和1名硕士生。郭俊的研究领域主要是硬件图像高速处理，这在将来可以将视觉处理的技术应用到教育机器人平台上，丰富平台的产品功能，增强平台的开发实力。

公司研发教育机器人平台，主要制定教育机器人的设计和制作标准。教育机器人开发平台主要包含机器人机械平台、电路平台以及编程平台。在机器人机械平台中，通过图纸模块化、制作材料标准化、加工工具统一化以及机器人加工组装流程标准化来建立教育机器人的机械平台。电路平台主要包括通讯协议、电气接口的标准化，传感器、驱动器和处理器的模块化等。编程平台主要包含编程可视化、基本功能模块化、程序高级接口调用标准化等。

铁榔头教育科技有限公司起源于2010年中国科学技术大学的RoboGame机器人大赛的“铁榔头”机器人队。该团队在历次节点比赛中得分都是最高的，最后决赛获得“最佳技术奖”。“铁榔头”的名字象征着主创人员“永不服输、追求极致”的精神。2012年，“铁榔头”成员中，董旭本科毕业后应聘到全球500强的外企宝洁当管理培训生，负责工程项目管理；郭俊被保送本校硕博连读。毕业之后，团队成员互相之间还保持着频繁的联系和交流。无论是从董旭的工作经验来看，还是从郭俊自身的科研经历来看，一方面，机器人时代即将到来，机器人在工业、农业、军事等各领域将逐渐替代人力、发挥不可替代的作用；另一方面，机器人知识在大众中普及具有重要性和急迫性，许多人都不知道机器人具体是什么、能做什么，更不知道机器人的科学技术对我们日常生活正在产生越来越重要的作用。

创业之前，主创人员一直在考虑一个问题：能不能将我们在大学学习到的机器人知识和技术带到普通民众中去呢？经过一段时间的仔细调研，他们发现，大部分人对机器人很感兴趣，甚至很多“大朋友”们都想自己动手制作机器人。高中、大学等的机器人竞赛越来越多，同时，针对低年级、幼龄的机器人课程也越来越受欢迎。根据这些情况，他们从调研的结果中总结了几个核心问题：一是许多人想做机器人，但不具备专业知识，无从下手；二是许多人具备一定的专业知识，但是不知道如何购买制作材料、焊接电路、编写程序；三是许多人缺少一套合适的机器人开发教程。

基于上面几点考虑，郭俊及其伙伴们觉得开发教育机器人开发平台十分必要。他们通过制定机器人设计和制作标准，将流程模块化、标准化，简化机器人制作过程，吸引大众到他们的教育机器人平台自由地进行机器人制作。普通人可以通过郭俊等人设计开发的模块化制作流程创造和制作机器人，实现自己的“机器人”梦。

郭俊说，他们的理想是开发出成熟的教育机器人开发平台，更好地普及机器人知识，迎接机器人时代的到来！

汤小飞

合肥工业大学

汤小飞，男，1990年生，合肥工业大学2014级化学工程专业硕士研究生。2012年5月，汤小飞成立合肥绿农肥业有限责任公司，并入驻合肥国家大学科技园。

合肥绿农肥业有限责任公司是一家生产一系列新型营养调理型液体肥料的高新技术企业，产品肥效高，易吸收，利用率高，使用范围广，无污染，施用科学。

公司技术平台依托于合肥工业大学新型肥料研究所，技术人员全部在此中心开展系列液体肥料研发及产业化工作，并聘请中国化工学会化肥专业委员会磷复肥学组专家及安徽省化肥工业协会常务理事韩效钊教授担任技术顾问。合肥工业大学新型肥料研究所在水溶功能肥料复配浓缩和叶片表面润湿等方面取得了多项研究成果，研究所成员学科结构涵盖化学、农学等领域，力量雄厚。2015年4月，公司获得“一种液体型有机硼锌水溶肥料及其制备方法”专利。

公司起步阶段，立足安徽，产品进入农资销售平台，利用其服务“三农”的影响力，提高公司知名度；与合肥工业大学、安徽农业大学等高校勤工助学社会实践部门合作，联合开展“送农业科技和产品下乡”活动，宣传公司的品牌和产品；积极参与国家正在开展的测土配方平衡施肥行动，与地方的土肥站和农技中心合作，给予人力、物力方面的支持。同时，公司建立自己的电子商务网站。初期，线上的目标客户主要是种植大户，用户登录网站，提交自己所在区域及所种植的农作物，公司可根据自己的数据库提供个性化定制的水溶肥料；线下主要由经销商来销售通用性肥料。随着公司实力的提高，散户也成为公司的目标客户。2015年上半年公司营业额达到50万元。

汤小飞表示，创业是一项充满挑战的事业，一个具有创业愿望的大学生能否最终走上成功的创业之路，与他是否相信自己可以在激烈的挑战和竞争中胜出有着直接的关系。实践创业是大学生通过发现和识别商业机会，组织各种资源提供产品和服务，以创造价值的过程。实践创业活动的主体是大学生，客体是商业机会和各种为达到目的而需要和可以得到的资源。同时，大学生实践创业也是一个不断探索的过程，在这个过程中可能会遇到挫折和失败，所以大学生是否自信、能否在挫折和失败中重新振作，关系到创业能否成功。实践创业中的大学生应把握方向、坚持原则，懂得选择、学会放弃；在市场竞争中，要懂得如何选择体验创业、学习创业与实践创业。

燕星辰

合肥工业大学

燕星辰，男，1995年生，合肥工业大学2014级高分子材料与工程专业本科生。2015年4月，燕星辰成立D.O.D.3D技术科技有限公司，任总经理。公司现有核心团队队员7人，另有3位普通成员从事3D建模工作。

公司发展物联网业务模式，将3D打印与手机APP结合，对公司提供给蛋糕店的3D蛋糕造型打印机统一管理，及时分析数据、采集消费数据、反馈信息，以便更好地了解消费者消费心理，不断改善产品，提高竞争力。目前一款3D奶油打印机正在进行测试，预计2015年8月底可以进入试点店面试运行。

燕星辰表示，最开始创业的时候，他其实是很迷茫的，只是想多在社会上打拼一下，积累一些经验就好，对自己的项目预测并没有什么特别清晰的思路。直到有一次去北京，与博恩国际的中国区代表聊天，穆勒先生提出为他投资200万元进行创业，他才发现原来自己做的事情是有价值的。

回到合肥后，燕星辰开始收集数据，进行行业预测。另外，在谷歌孵化器的帮助下，燕星辰认识了越来越多的企业高管，他们的支持和鼓励使燕星辰信心大增。慢慢地，事业开始走向正轨。

2015年5月至6月，燕星辰先后接到了5份投资意向书。这使他信心倍增，觉得自己做的事情是完全有希望的，而且是非常受欢迎的。

创业过程中，燕星辰遇到了许多困难，即便到现在也依旧有很多关键性的问题没有解决。但是，这些问题在燕星辰眼里已经不再可怕。他说："我再也不会像最开始时那样没有主见，遇到困难就开始沮丧，这些问题使我越来越勇敢。每天早上醒来我都有一种使命感，我觉得自己做的不单单是创业，我是在做一件非常酷的事情。我要使3D打印深入人心，成为日常生活的一部分。同时，我要将3D打印的食品造型发展成一种时代的文化，就像当年有人将鲜花、巧克力营销为情人节的标志一样。我在做我一生的事业，一件可以改变人们生活方式、消费习惯的事情。我为此兴奋，每天都信心百倍地迎接朝阳。”

张　帅

合肥工业大学

张帅，男，1992年生，合肥工业大学2014级机械电子工程专业在读硕士研究生。2013年2月，张帅注册合肥泰拓机电科技有限公司，任总经理。张帅专业知识扎实，实践能力突出，2013年1月获“斛兵杯”巨一自动化大学生课外学术科技作品竞赛一等奖；2013年3月获安徽省第二届大学生工程训练综合能力竞赛一等奖；2014年6月获“创青春·中国联通”安徽省大学生创业大赛银奖。

合肥泰拓机电科技有限公司，是一家贴心服务消费者的健康科技机电消费用品公司，主要从事机电产品的设计、研发、优化，计算机软硬件技术开发、技术咨询，工业自动化设备、机械设备、电气设备的设计、开发、咨询，网络、信息技术开发与技术服务，办公自动化设备销售代理、辅助项目申报，等等。目前公司团队共有5人，初期投资金额为10万元，与浙江恒林椅业股份有限公司建立企业合作关系，为其提供座椅控制器等产品。

在谈到创业感想时，张帅说：“创业过程，是走出实验室，把自己所学的知识应用到实践的过程，是实现自我价值、融入社会的过程，也是认知社会、把握行业动脉的过程。虽然公司成立只有两年，但是感觉自己收获颇多，在此过程中，我对公司的创建、人员架构、市场营销、风险预测等方面，已有了一个较为完整的认识，为以后的工作奠定了一个良好的基础。”

朱　宁

安徽大学

朱宁，男，1987年生，安徽大学管理学院2006级图书馆学专业本科生。2010年3月，朱宁创办合肥纵深文化传播有限公司；2014年8月创立合肥三字经贸易有限公司；2015年5月，与人合作成立安徽云耕生态农业有限公司。

合肥三字经贸易有限公司主营服装类业务，并在这个竞争激烈的类目内快速成长。在数千家同类目商家中，做到了排名前50左右，迅速实现盈利。公司目前仅服装类目，单日发件就达2 000单，日流水3万多元，月流水百万元左右，年营业额突破千万元。在上海徐汇区建有两个收发仓库，并有一个包含运营、美工、客服、仓管、打单、包装等专职电商人员的17人团队。与“中国蜂产品出口十佳企业”西安众天食品有限公司合作，共同开发陕北南泥湾及爷台山万亩野生洋槐林优质蜜源项目，并在天猫平台开通专职销售西北蜂蜜的食品旗舰店，目前发展良好；与安徽养鸡名人“董大姐”董光武合作成立安徽云耕生态农业有限公司，共同经营土鸡、土鸡蛋及徽派土特产业务，借助互联网渠道将安徽特产推向全国。

朱宁来自陕北农村，自嘲是一个土生土长、没见过世面的乡里娃。大学，给了他开阔眼界、认知世界的机会，也开启了他不同寻常的创业历程，这是一段值得终生铭记的青春。

大学期间，朱宁发过传单，贴过海报，也从宿舍楼收集过饮料品，收过旧书，卖过雨伞，送过外卖……他乐此不疲。一方面，自己的生活费用有了着落；另一方面，在与外界接触过程中，锻炼了自己的社交能力和生活适应能力，从而更早更快地发现兼职岗位，甚至是发现快人一步的商机。

机会终于来了。在帮百脑汇一家数码老板送货的过程中，朱宁发现数码产品的利润可观，且校园需求庞大，于是他主动向老板提出做校园代理。经过奋斗和努力，朱宁在九龙商业街上开了第一家“小当家”数码专卖店。由于距离近，能送货上门，发的和百脑汇一样的产品，价格更优惠，还能预订，凭学生的口碑相传，“小当家”的生意就像滚雪球一样越做越大，从安徽大学辐射到周边高校，后来在合肥财经学院门口开了一家分店。

毕业后，朱宁与安徽大学校友创立了合肥纵深文化传播有限公司，用一种创新的商业模式，开启另一种校园淘金之路。他们在每年的开学季，向合肥的几十所大专院校的新生提供免费地图——地图是放在大学录取通知书里面的，这在全国都绝无仅有。这张独到而且极度贴近新生的印刷纸，在学生眼里是非常实用的工具；在三家电信运营商眼里，这是不可多得的宣传载体，仅仅依靠电信运营商的赞助，就能获得不错的收益。伴随智能手机的普及，电子地图走入日常生活，朱宁在2012年主动放弃了这种传统纸媒的业务。这次创业，让他体会到了模式创新的重要。

合肥三字经贸易有限公司和安徽云耕生态农业有限公司，是朱宁基于前面两次创业经验的再次起航。朱宁说：“创业，失败是正常的，成功也绝非一日之功，越努力，越幸运。我们的步子，你看到的，才只是开始。”

程　刚

安徽大学

程刚，男，1987年生，安徽大学2007级信息管理与信息系统专业本科生。2012年9月，程刚创办合肥英弗伦斯文化传播有限公司，任公司总经理。2014年6月，程刚获安徽省“挑战杯”创业实践赛银奖；2015年1月，程刚被评为“合肥2014年年度十大优秀经济人物”；2014年11月，合肥英弗伦斯文化传播有限公司获“安徽移动互联网最具成长价值奖”；2015年6月，公司获评“合肥市中小企业示范服务平台”。

合肥英弗伦斯文化传播有限公司，注册资本228万元，是一家融合科技与文化的高新技术互联网创新服务机构。公司具备独立的软件产品设计研发与平台运营能力，目前已取得软件著作权证书6个，正在申请的软件著作权证书5个。目前公司主要部门有产品设计与研发中心、运营中心、营销中心以及综合管理部，核心团队队员14人，均为大专以上学历，均来自北京、上海、广州、深圳等地知名互联网企业。公司一直致力于通过新媒体技术与文化、商业结合，助力传统企业，特别是中小企业转型发展。目前公司已完成三大服务平台的搭建：中小企业品牌传播和数字营销平台、传统媒体移动电商云服务平台和政务微信云服务平台。公司目前已完成一轮融资，正在进行pre-A轮融资。2014年度实现年营业额296.2万元，预计2015年可达到800万元。

团队以卓越的产品和优质的服务，一点一点赢得口碑，稳步积累客户，逐步打开市场，开源节流，在维持公司稳定的前提下，积极寻找发展机遇。同时，善于运用新媒体和互联网，寻找各种有用的资源支持与合作，实现公司稳步发展。程刚表示，创业是最苦的工作，是对内心的锤炼，不能盲目跟风创业；创业应从市场需求出发，结合自身能力与团队情况，在适当的时机进行创业；创业需要找到一个对的方向，与志同道合的人一起坚持到底，一定能有所突破；创业需要良好的心态去面对可能出现的各种挫折与打击，用积极的状态去破解各种难题。他相信明天会更好！

在谈到创业感想时，程刚说："因为年轻，因为有梦想，我选择了创业路。一路走来，有压力，有打击，但也收获了各种各样的惊喜，收获了一起奋斗的团队，磨练了心智，丰富了经历。回顾创业的路，每一步都很关键，但最为重要的是用平和的心态和全力以赴的专注来面对并克服挫折。创业历程是艰苦的，但内心是充实快乐的。奋斗的青春最美丽！未来，我会继续全力以赴向着梦想前行！"

吴明明

安徽师范大学

吴明明，男，1989年生，安徽师范大学2008级运动训练专业本科生。

“射击冠军”转型“创业达人”。吴明明曾是安徽省射击队的一名步枪运动员，2006年参加安徽省第十一届运动会并获得男子步枪3×20个人、团体两枚金牌，还打破了省纪录，获得华东区冠军、全国第三名的优异成绩。作为国家一级运动员，吴明明经过专业考试和体能测试后，2008年9月，成为安徽师范大学的一名学生。从省队退役后，吴明明就开始了他的创业之路。2007年，他辗转于深圳、广州、珠海、上海、嘉兴、义乌、杭州等多个城市，学习创业经验，探索创业之路。

“创业”带动“就业潮”。2008年，吴明明开办了明明金属材料经营部。2009年，吴明明是驾校、通讯商、计算机培训等众多单位的高校园区总代理。2010年，吴明明和同学在芜湖中山路步行街合伙开了味全居大酒店。2012年，吴明明成立安徽明明文化传媒有限责任公司。2013年，成立芜湖中梦影业有限责任公司，创办中国首家校园同步影院“MMC校园连锁影院”。2013年，成立安徽中梦信息技术有限公司，开始布局信息科技产业，以“以信息技术助力产业发展”作为公司的使命。2013年，成立安徽中梦维家运营管理有限公司，着手打造“we+国际青年社区”，专注于为城市青年打造高品质个性化的青年社区，同时也为创业青年提供交流共享平台。

校内筑巢，多点开花。明明文化传媒有限责任公司下属孵化项目有10多个，包括南馆健身会所、365兼职信息服务、校园快递等，还与众多培训、出国留学等机构建立了独家合作关系。有了创业的平台，加上自己的“明星效应”，明明文化传媒有限责任公司很快吸引芜湖高校园区多个高校对创业感兴趣的同学参与进来。据统计，2011年仅芜湖高校园区毕业生选择创业的比例就高达8%。

“爱心”打造“创业桥”。作为“创业明星”，吴明明已经足够“星光灿烂”，而在荣誉和光环背后，吴明明一直默默坚持投身社会公益。

2008年，他拿出自己在省射击队夺冠的奖金，捐助了一名失学女童，受到诸多媒体报道，得到“爱心冠军”的称号；2010年，暑期社会实践夏令营捐赠仪式上，他个人向黄山新华中心小学捐赠一批体育器材；2011年，吴明明又资助当地18名山区贫困学生，助他们实现上学梦；汶川和玉树地震之后，吴明明在第一时间为灾区捐出了自己的大部分个人存款。

2013年，吴明明代表明明文化传媒有限责任公司为母校主动捐资设立“明明社会实践活动基金”。基金首次签约期限为五年，累计人民币15万元，主要用于资助在校本科生开展社会实践活动，进一步丰富大学生服务社会、奉献爱心的物质载体和内涵，让社会感受到师大学子的拳拳爱心。

2014年，吴明明投入人民币10多万元向家乡池州市梅村镇捐献镇内一条主干道的太阳能路灯，帮助家乡父老切实解决了晚上出行不便的问题。

创业，难而不惧，富而不惑。吴明明热心社会公益，反哺母校创业教育，用爱心延伸了一条宽广的创业路。他始终坚信，心怀梦想、坚定不移的创业路必将会迎来更美丽的风景。

方 敏

安徽师范大学

方敏，男，1993年生，安徽师范大学2012级人力资源管理专业本科生。2012—2103学年获安徽师范大学校三等奖学金及“社会工作奖”荣誉称号；2012—2013学年获安徽师范大学暑期社会实践“先进个人”称号；2014年获安徽师范大学创意营销大赛三等奖；2015年5月，“互联网+”创业事迹被《中国青年报》刊载；2015年6月，方敏的“互联网+”创业事迹被《经济日报》报道。

方敏所理解的创业是一种生活方式。他说自己一开始接触这个圈子的时候纯粹是为了赚点外快，做的也都是比较简单的底层的活，后来发现做程序化的工作和拿固定报酬的方式并不适合自己，于是他开始经营一些商品，完成一些项目，体会一下当“老板”的感觉。方敏大一时一直担任班长，大二时跟着老师参与一些商业计划书的起草，这为他储备了一定的运营管理经验，所以他在创业过程中比较得心应手。之后他慢慢组建了自己的团队，所做事情的影响力越来越大，产品的销售覆盖面也越来越广。他的创业事迹还在《中国青年报》和《经济日报》被当做学校创业典范进行了报道，这对他也是一种激励。

其实没有谁生下来就适合从事什么工作的，很多明天的事情都是由今天的努力换来的。方敏认为，创业最重要的就是愿景与坚持，努力坚持去做自己认为值得做的事情，最后的结果都不会差。

方敏开始接触天斯努云打印是在2014年9月份。在这之前他在学校做过小生意，和朋友开过工作室，也跟在老师后面做过一些商业项目，但都属于临时性的，一直没找到创业路子的感觉，虽然如此，还是学到了不少东西。

天斯努云打印平台是全球首个自助云打印公共平台，“一心一印”是以互联网为基础，整合打印设备资源，实现漫游共享，向全社会提供随时随地的高质量、标准化打印服务平台。该平台的应用将为广大打印用户带来高效、便利、节约、安全的打印环境。天斯努云打印平台结合了在线云打印服务和部署在公共空间的云打印通用设备，使打印成为一种公共服务，自助打印设备则成为一种信息基础设施的社会化资源，用来向全社会提供“无限期公共打印服务”。

方敏和天斯努云打印产生联系是源于天斯努公司第一次入驻校园并进行营销推广以及第二次设备更新营销推广，但和天斯努云打印的结合还是基于自身创业实践和公司“千人大学生创业计划”的不谋而合。天斯努公司希望以大学生创业的方式进行平台的深度开发和广度推广，而方敏则作为首位大学生创业代表去和公司一起探索这个盈利模式和利润平衡点。

现有包括方敏在内的5人团队运营此项目，分别负责技术、财务、宣传设计、营销和统筹，致力于构建一个芜湖市云打印平台示范基地。目前，设备覆盖范围包括以安徽师范大学、安徽工程大学为代表的高校园区，以芜湖都宝花园、华仑港湾为代表的社区，以芜湖沃尔玛为代表的大型超市。目前设备单台月均打印量（换算成A4单面）为3 000张（数据来源于天斯努数据中心）；创业投资成本主要为人力资本和智力资本投资，以及小规模的营销支出；与平台有关的资源主要由天斯努公司提供；利润分成方面，利润部分的50%归学生团队所有。目前该模式还在试点阶段，与具体经营有关的宏观财务数字暂不能透露，但基本能保障学生团队大学期间的生活成本。

以安徽师范大学为例，现阶段安徽师范大学所有校区共装机63台，设备分布在每栋宿舍楼下，除学校断电断网等不可抗拒因素外，设备均每天24小时不间断为学生提供打印服务。目前设备功能有A4黑白和彩色打印、7寸照片打印；打印上传方法有PC端和微信客户端；收费方式为A4打印单面0.2元/张、双面0.36元/张，A4彩印0.8元/张，7寸照片打印1.5元/张；储值方式为网银、支付宝、微信支付、云打印充值卡等各种市面主流支付方式，且无论充值多少，享有一倍返还，对学生而言相当于半价打印，价格优惠于市面打印费用，打印质量、环保程度都远高于传统打印店。

目前除了打印功能，设备还有一个箱体广告功能，打印机屏幕是每栋宿舍楼下最能吸引学生注意力的一个媒介，通过每天更新不同的屏幕内容，既能丰富大学生的生活，为大学生提供服务，又能获得一定的商业利润。这是目前重点开发的盈利模式，也已经初具规模。

芜湖市场单台天斯努云打印设备月黑白打印量为3 000张，照片打印量为500张，按照公司给予的租赁政策——租赁费300元/月，黑白打印收入0.06元/张，照片打印收入0.45元/张，单台设备广告费收入200元/月，单台设备月总收入=3 000 × 0.06+500 × 0.45+200−300=305元。

以上数据为均值数据，具体数据会在考试周、开学季、假期有所上浮和下降。当然仅局限于目前的现状是远远不够的，基于平台优势，团队正致力于开发和捆绑设备新的功能。

（1）“学霸”笔记。针对高校市场，团队拟借助自身为高校大学生的优势，以安徽师范大学为中心寻找高等院校各学院中各专业学习成绩优异、笔记完整、字迹工整的同学，线下与其签订“学习笔记版权转让协议书”，扫描其学习笔记，然后发表到天斯努自助云打印平台，供其他同学下载、打印。不同于百度文库等，用户可享受到无需下载券即可轻松下载的福利。为用户提供的服务是免费、高效、有针对性的，这样可以吸引更多用户，提升销售量，扩大公司影响力，形成规模效应。

（2）介质标准化。打印输出介质标准化是团队的一个构想，构思来源于火车站拥挤的售票厅和取票机的情况。2014年，铁路客货运输改革取得重要突破，客运量增长12%，已连续两年增幅超过10%。中华铁道网数据显示，2014年国家铁路完成旅客发送量23.2亿人，目前我国的标准客票是卡片式客票，网络购票后需前往火车站的人工窗口或专门输出设备换取纸质车票，平均耗时为10分钟左右，有时因为高峰期而错过火车班次，造成乘客金钱、时间上的损失，而汽车票和飞机票的模式和火车票一致。那么以这三类乘客最常接触到的出行方式和票务需求为例，如果能将公共出行方式的票务输出介质标准化，一定会大大提高公共服务的质量和效率。

（3）系统一体化。团队通过和高校的教务系统、医院的医疗系统等建立长期的合作伙伴关系，在高校、医院放置打印机。在云打印平台建设各群体的一体化系统，可通过输入如学号、姓名或身份证号等系统用户名和密码登录自身教务系统或医疗系统等，查阅相关信息，一个按钮即可轻松打印。用户再也不需要先在电脑上查询相关信息进行保存，再到打印店打印，或者寻找打印店进行网上打印（不仅要支付较高的费用，也需要花费时间寻找打印店）。

（4）广宣园地。在云打印平台上寻找商家入驻，为一些商家、社团进行广告宣传，以此收取一定的广告费用，作为其他业务收入，弥补机器空闲时的费用，提升利用效率。这不仅可以提升利润，还可以为用户提供实时促销等有用及时的信息，方便用户学习、生活。

创业的过程有很多艰辛，很多人觉得这种生活方式很不稳定，风险太大，但在方敏的团队看来，这却是最稳定的生活方式，那些所谓稳定工作的决定权往往在你的领导和体制手上，而创业是社会和市场基于你的努力给予你的一个相对公平的回报，越努力，越幸运，回报越多，而且一定会有回报。

创业，我一直在路上！

王永雷

安徽师范大学

王永雷，男，1987年生，2011年毕业于安徽师范大学体育学院社会体育专业。2011年，荣获“赢在芜湖　创富未来”创业先锋大赛亚军，并获得50万元创业基金；2011年，荣获中国邮政储蓄银行创富大赛皖南片优秀奖，并被授予芜湖市“创业之星”荣誉称号；2012年，荣获第二届安徽青年创业大赛创业先锋奖；2014年，荣获“吴晓波频道”创业新锐奖。

2010年11月，王永雷创立芜湖市弗莱卡健身管理有限公司，公司共计投资180万元，目前已在芜湖、安庆、淮北、黄山、池州、淮南等地高校建有7家直营连锁店，营业总面积4 500平方米，有8 600多名学子正在享受“弗莱卡”带来的全新校园健康生活方式，为300多名在校大学生提供了勤工助学岗位。目前该公司处于安徽省大学生健身连锁俱乐部行业领导地位。

王永雷说，选择创业，是因为自己是一个不甘于平庸、有激情梦想的人；选择做健身项目，是因为自己喜爱健身运动，深刻体会到健身可以给人带来健康、自信。既能给别人带来健康快乐，又能结合自己专业实现创业梦想的行业深深地吸引着他，加之“弗莱卡”校园健身会所的项目得到很多创业老师的认可和支持，又找到了一些志同道合的创业伙伴，这坚定了他自己的创业方向。

创业起步阶段，他遇到了很多创业方面的问题：没有资金、没有团队、没有确定的市场。为了解决三大创业难题，他从最基础的工作开始，独自一人开始做大学生健身市场调查，用市场数据去寻找合伙人，共同筹集启动资金3万元。2010年11月，他们成功注册了芜湖市弗莱卡健身管理有限公司，辛勤的付出，换来了创业的成就感。

王永雷的创业感悟：

第一，创业重要的是要有一个好的思路，不怕没有资金可以募集、没有渠道可以开辟、没有人脉可以建立，就怕没有好的思路。

第二，创业成功与否，关键在于有没有对自己进行正确定位，创业要结合自己的兴趣、爱好、能力和项目的未来发展空间等综合考虑。

第三，大学生创业不要盲目跟风，创业需要具备一定的特质，即你是否有面对挫折的能力、是否善于处理人际关系以及是否掌握了足够的创业知识。

第四，一旦选择了创业，就需要坚定信心，艰苦奋斗。其实每个人都有自己的梦想，虽然平凡但从不平庸，重要的是你有没有实现梦想的勇气和毅力。

杨利辉

安徽师范大学

杨利辉，男，1990年生，2012年毕业于安徽师范大学软件开发专业。2011年，荣获第二届大学生“创业之星”金奖；2011年，在芜湖弋江区大学生嘉年华创业之星评选活动中被评为“十佳创业之星”。

2010—2011年，杨利辉在安徽师范大学创办艾它社区；2012年，创办芜湖其道信息科技有限公司，主要从事软件开发和网站建设；2014年，创办安徽中梦信息技术有限公司，主要从事提供信息技术解决方案，包括手机APP开发、软件开发、微信应用开发、网站开发、网络推广五大核心业务体系。

2010年移动互联网兴起，杨利辉及其所在的团队意识到这是一个潜力巨大的市场，他带领团队成员积极地去对接一些传统的企业，去为他们开发一些手机客户端，帮助他们进行转型。

创业初期面临很多困难，团队组建、市场开发、资金筹集都是难题，对此他们积极与高新区管委会对接，争取了多项大学生创业扶持政策的帮助，为日后的发展奠定了基础。

在创业的过程中政府给予他们的帮助非常多。2015年年初他们入驻青年创业园，公司占地面积有1 300平方米，前三年的租金全免。政府在税收方面也给予他们很多支持，如他们现在的税收是按比例返还的。同时，政府搭建平台，为他们对接了一些企业，帮他们解决了业务上的难题。总的来说，这些政策对刚创业的大学生来讲，帮助是非常大的。

几年的发展事实证明，他们看好的市场得到了很好的反馈。现在公司已经从当初的6个人，发展到100多人，合作伙伴遍布省内与长三角地区，业务范围也从单一的手机客户端开发拓展到新媒体运营等多个领域。

创业过程是艰辛的，也是美好的，让杨利辉收获很多。他认为，大学生要想创业首先要练好内功，在学校学习的过程中一定要把自己的专业学好学扎实，这是创业的前提条件；其次要加强社交能力培养，创建一个稳定的团队。这些都是创业过程中非常重要的方面。明确了自己的方向就一定要坚持走下去，相信在自己的努力下，梦想总有实现的那一天。

鲍恩财

安徽农业大学

鲍恩财，男，1990年生，安徽农业大学2015级设施农业专业硕士研究生。2009—2011年，先后荣获安徽农业大学国家励志奖学金、专业一等奖学金和“优秀学生干部”“三好学生”称号；2013—2014年，先后荣获首届、第二届全国大学生农业生物环境与能源工程相关学科专业创新设计优秀奖；2013—2014年，先后荣获第四、五届安徽省百所高校百万大学生科普创意创新大赛三等奖、优秀奖；2013年10月，荣获安徽农业大学暑期社会实践“先进个人”称号；2013年，荣获安徽农业大学“三好研究生”暨“安科生物奖学金”；2014年，荣获“安徽省十佳大学生提名奖”（自主创业类）、寻访“中国大学生自强之星”提名奖。

2014年4月，鲍恩财成立安徽丰之惠农业科技有限公司，主营现代农业设施的技术开发、工程设计、生产加工、产品销售、安装施工、农业园区咨询与规划设计等业务。2014年7月至8月，丰之惠农业科技有限公司取得了“基于阴阳棚一体化的智能光伏温室的温湿度监测及控制系统”“基于外遮阳网的光伏温室温湿度监测及控制系统”和“一种温室湿帘风机智能控制系统”等3项国家软件著作权的登记。2014年12月，公司创业团队获得第九届安徽省大学生创业大赛“创业之星”金奖。

在全国上下不断加强大学生创新创业教育及人才建设的背景下，鲍恩财在校期间，用六年时间筑建梦想，于2014年4月创办了自己的公司，虽然充满艰难困苦，但他抱着玉汝于成的决心坚定前行。在公司创办不到一年的时间里，签订合同额超过200万元，解决了20余名农民工的就业问题，带动15名在校大学生参与创业实践。安徽新闻联播“行进中国·精彩故事”对鲍恩财的创业事迹进行了专题报道，鲍恩财也成为安徽省政府网站在线访谈栏目最年轻的访谈嘉宾。2015年7月底，他作为“发现双创之星”活动安徽站30名候选人之一，代表嘉宾与国家部委领导对话，相继受到中央新闻联播、中国政府网、光明网、新华网、凤凰网、安徽新闻联播等多家媒体的报道。鲍恩财，一名青年大学生，带领自己的创业团队，历经曲折，终将创业计划与梦想付诸实践。

鲍恩财对自己所学专业充满浓厚的兴趣，具有强烈的探索与创新精神，对大学生科技创新活动深感兴趣，从大二便开始跟随师长参与科研实验和创新设计。那时由于自己没有电脑，宿舍晚上又会断电，为了方便，有时会到网吧通宵查阅文献资料、写申报材料、修改实验方案，第二天再找师长指导完善。经过不懈努力和坚持，他成功申报校第八、九批大学生科创基金项目并结题。

虽然两个科创基金项目（即2014年所取得软件著作权的三个项目中的前两个项目）内容上有差别，但是可以将前者的控制系统结合到后者餐厨垃圾的处理装置上来，实现沼气发酵智能化控制。经过设计、改进后建立的模型控制系统并不稳定，在实验的过程中必须要有人看守、调整。作为项目负责人，鲍恩财连续几夜坚守实验室，观测实验效果。有一天晚上，他因为实在太困而趴在桌子上睡着了，实验装置中的水浴加热棒滑落，导致塑料水浴筒底破裂，热水漏出，造成他本人轻微烫伤，实验桌台表面烧坏一块。虽然损失较小，但是教训却很深刻，他暗自告诫自己一定要更加细心谨慎，由此萌生新的实验改造想法，最终这套装置成功申报了国家专利和软件著作权。

怀揣梦想，坚定信念，扎实的科研基础为创业梦注入前进的不竭动力。各类科研活动的实践历练为白手起家、创业奋斗提供了宝贵的经验。深厚的科研知识储备，更为创业梦插上飞翔的翅膀。

创业之路注定是孤独和曲折的。一次次的失败，没有击碎鲍恩财的梦想，他知道只有扎实的专业知识与丰富的实践经验，才能圆自己的创业梦。因此，他平时注重专业知识储备，掌握扎实的技术和技能。通过参加省劳动就业服务局组织的创业意识培训班，开拓视野，提升创业意识；利用寒暑假，到温室大棚工程建设现场进行基层实践锻炼，兼职为企业做工程设计与预算工作，积攒经验。两年半的实践经历让他在学校和社会之间不断磨砺，虽然一路艰辛，但专业知识和个人能力得到了显著提升。

随着团队的壮大和一系列创新成果的取得，鲍恩财于2014年4月创办了实体公司。创业伊始，人力物力不足，他和团队成员就自己当起了工人。有一次，来了近10吨的钢材，刚下完雨的农村道路特别泥泞，货车陷在泥地里，他们5个男生花了4个小时将货卸完，然后使出浑身力气将车推到了公路上。鲍恩财深知做农业本身就很艰苦，但是毅然坚持下来，因为有学校的关心、老师的帮扶和团队成员的支持。努力与艰辛换来的成绩是可喜的。按照公司预期发展，预计未来三年内，可完成项目额1 500万元，实现利润500万元，提供100余个固定就业岗位，带动大学生创业50余人。公司的“光伏温室”项目获得了学校2014年“科大讯飞”创新创业基金项目资助，并且获推参加安徽省“创青春·中国联通”大学生创业计划大赛，荣获“创业之星”称号并获得金奖。此外，该项目还获得了合肥市第五届“挑战杯”创业项目征集大赛唯一一项特等奖，并在2014年中国青年涉农产业创业创富大赛安徽地区选拔赛中成功晋级，代表安徽省参加全国赛获得优秀奖。

创业要敢想更要敢做，敢于创新不妥协，敢于创业不言弃。一项项荣誉的获得并没有让鲍恩财头脑发热，脚步停留，他骨子里满是执着追求新目标的信念，内心中的创业梦想激励着他带领团队成员将创业计划付诸实践，将梦想和实践结合，虽然身边团队的成员来来去去，唯一不变的是倔强的他。当谈到他的梦想的时候，他说：“父母还住在小山村的土房子里，邻居由小时候的十多户变成了现在的三户，我想改变家人的生活环境，走出山村。同时立足学校，带动更多的青年大学生参与到创新创业实践中来。”在他的带动下，他的创业团队、项目，越来越受到学校和师生的关注，带动了一批批同学投身到创新创业中来，开拓属于自己的广阔天地，施展自我的才华。

陈　楠

安徽农业大学

陈楠，男，1992年生，安徽农业大学2012级植物保护专业本科生。

在大学期间，他就开始了创业历程，与同学成立了微栖昆虫工艺品工作室。工作室初期以出售昆虫装饰画、昆虫宠物瓶等产品为主。主要销售对象是高校师生、公司白领、企业高管等；销售市场主要有精礼品、旅游、收藏品市场及博览会、企事业单位等。针对不同的客户群销售昆虫装饰画、蝶翅山水画、蝶翅肖像画，昆虫精致标本、昆虫教学标本、昆虫琥珀标本、昆虫琥珀手链、昆虫琥珀其他类饰品，以及蚕宝宝、蚂蚁生态瓶等宠物瓶，等等。

创业，是一个多么时髦的词语，却不知有多少人在这条路上苦苦地挣扎。陈楠怀着一颗充满激情的心走上了自主创业之路。大二时他与同学成立了微栖工作室。工作室成立四个月的时候，获得了科大讯飞8 000元的资金，加入了安农大创业孵化基地。工作室管理团队完善，研究机构健全，经营理念先进，属于创意设计型企业。工作室将着力打造昆虫艺术美的企业文化，拟在1年至5年内初具发展规模，5年至8年内创建连锁加盟，8年至10年成长为行业领导者，并进一步拓宽市场规模，公司产品的理念是用最先进的技术和最独特的创意，呈现最真实的自然。

在加强社会锻炼的同时，他也注意培养自己商业文化方面的知识，一有空，他就泡在图书馆里。通过对《市场营销导论》等书的研读，他对市场经营管理产生了浓厚的兴趣，人生有了新的起点。在学校内，他也是个活跃分子，参加各种协会，组织各种活动。在组织活动的过程中，他深刻地体会到团队合作的重要性以及沟通协调在处理突发事件中所起的积极作用。也正是大学这种轻松活泼的环境，培养了他的创业思维。大二时，在老师的指导帮助下，成立了微栖昆虫工艺品工作室，有了老师的指导和固定的办公地点，工作室的业务也日益扩大。工作室初期以出售昆虫装饰画、昆虫宠物瓶等产品为主，产品原材料的购买来自全国各地昆虫养殖基地和野外环境的捕捉；中期拓宽企业链，引进国内外先进的饲养技术、生产设备和工艺，凭借成熟的饲养技术，自主饲养蝴蝶、蚂蚁、金龟子等昆虫，建立属于自己的昆虫繁殖基地，完善产业结构链。通过对现在市场的调查研究，他们发现目前昆虫手工工艺品作为一种新兴艺术品在国内市场已有少量出现，但是由于制作昆虫手工工艺品的技术工艺要求较高、制作过程较为繁杂，昆虫手工工艺品在市场上并不多见，只有较著名的艺术馆、高档艺术品市场、旅游城市有少量产品，但产品缺乏时尚设计。这表明昆虫手工工艺品有较大的市场空间，发展空间很大。随着人们物质水平的日益提高，追求精神生活的高质量日益成为人们追求的目标。在此市场环境下，昆虫手工工艺品凭借其生态性、美观性及较高的收藏价值，日益受到人们的喜爱。其中，人们对蝶翅画的喜爱程度最高。蝶翅等昆虫装饰画，蚕宝宝、蚂蚁宠物瓶等产品的开发不仅能充分利用当地的自然物质基础来发展经济，增加人们的收入，同时对减少害虫数量、保持生态平衡起到了良好的作用，昆虫手工工艺品市场前景广阔。

在创业之初，陈楠由于找不到市场切入点也曾苦恼过一段时间，后来偶然学院里所做的昆虫标本给予了他和同伴灵感，他们意识到现在似乎很少有人在做昆虫装饰画。于是他们对这方面进行了深入的研究与探讨，并进入市场进行调研，发现国内缺少大规模的昆虫手工艺术品品牌公司，这给他们工作室的发展提供了一个较好的发展机遇。目前，国内的昆虫手工艺术品公司多是小规模个体经营，产品单一，缺乏个性化设计。而他们的产品继承传统工艺技法，融入民族文化精髓，基于昆虫的多样性与丰富性，凝练昆虫的形体美、色泽美、风格美，将昆虫与自然结合，以工艺设计提升作品内涵。产品文化特色鲜明、工艺精湛、清新淡雅、造型独特、包装精美、品种多样、意趣盎然，适宜于各类人群收藏、鉴赏，市场需求广泛。工作室面临的是一个新兴的市场，有很大的市场前景。昆虫手工工艺品的市场潜力在未来几年内将得到长足发展，有了这个巨大的新兴市场，就给了他们发展壮大的机遇。最后在老师的帮助下，他们成立了以昆虫装饰画、昆虫琥珀工艺品、昆虫宠物瓶等系列产品为主打的微栖工艺品有限责任公司。经过几个月的营销，现探索出了由学校市场延伸到社会市场的战略，已经初步拓展开学校市场，由最初的安徽农业大学市场，拓展到三个高校，在其他两个学校招收了代理人，并慢慢地稳定学校市场。目前他们正逐步扩大订制的产品系列及市场，研发出了蝶翅装饰画之安农系列，同时他们的蝶翅画大批量销售到校友会，并研发出了蝴蝶挂坠、蚂蚁生态瓶等产品，并且已经进入市场。对于校外市场，他们正在与工艺品店、合肥市旅游市场洽谈合作事宜，准备制作各大旅游市场的地方特色文化装饰画进行销售，也与大型商场合作，帮其设计蝴蝶展。

遭遇挫折的时候，有过迷茫，想过放弃，但他们还是坚持下来了。开办微栖工艺品有限责任公司只是创业起始的第一步，虽然知道前面的道路很曲折，但仍然会坚持下去。成功，就在明天！

叶　鹏

安徽农业大学

叶鹏，男，1992年生，2014年毕业于安徽农业大学财务管理专业。2010—2014年，荣获安徽农业大学品学兼优毕业生、校级三好学生、优秀学生干部、暑期“三下乡”先进个人等称号；2014年至今，荣获宁国市优秀共青团干部、宁国市仙霞镇优秀党务工作者、优秀共产党员等称号；2015年5月，他创立的“好蔬记”获宣城市十佳网货特色品牌。

2014年12月，叶鹏成立宁国市好蔬记农产品贸易有限公司，任执行董事兼总经理。公司成立以来，坚持“每季主推一件特色产品，充分挖掘山区自然珍品”的理念，已经完成了山核桃、雷笋、茶叶三种特色产品的推广。目前主要的产品为山核桃（仁）、笋干、香菇、木耳、茶叶等农产品。公司依托电子商务平台，进行农产品品牌推广和农产品销售，同时带动群众种植有机蔬菜，发展休闲体验式旅游等。公司成立半年以来，销售总额35万元左右，帮助每家农户销售农产品实现附加值增值约5 000元。目前叶鹏正逐步将公司打造成为面向全体大学生村干部的互联网销售、交流平台。

“通往成功的路上其实并不拥挤，因为坚持的人并不多”，这是“好蔬记”创业团队的信念与坚持。

当前我国大力推进城镇化建设，建设美好乡村，可以说基层正面临着前所未有的机遇。从上大学以来，叶鹏始终坚信学以致用，要将自己的所学同时代发展的脉搏紧密结合起来。引用习近平总书记在给北大学生回信中的一句话就是“得其大者兼其小”，只有将个人的发展和祖国的发展结合起来，才更加容易实现人生的理想和抱负。他认为，作为一名农业大学的学生，来到基层应该更加贴合他的专业发展，因此在毕业之际他选择成为一名大学生村干部。

大学生村干部可以说是中国最低级别的“官”，在基层如何坚定自己的理想和信仰，如何去大胆追梦成为众多村干部所面临的最实际的情况。村干部的工作有“6+1”岗位责任制，“6”就是在村的基本工作，“1”就是在完成基本工作的前提下，大力鼓励村干部发挥才干，通过创业带动更多群众致富。在叶鹏看来，基本工作和特色工作是相辅相成、互相促进的。基层工作千根线一根针，做好群众工作最重要的还是要帮老百姓做实事。他通过下队走访渐渐知道，他们村是全市重要林业区，盛产山核桃、雷笋等经济作物，这已经成为村民的重要家庭收入来源。但是后来他渐渐发现，2013年因为干旱，山核桃树受损，由于经济疲软，一家农业龙头企业倒闭，导致山核桃和笋子的价格都不稳定，极大地影响到群众的收入。同时他也发现，群众更多的是将产品以原材料的形式对外销售，这样的话附加值不高。他渐渐总结出：农产品销售难不仅仅是简单的农产品卖不出去，农产品的附加值不高也是销售难的内容之一，会对群众收入尤其是困难家庭造成影响。

整个村甚至是整个镇的农产品产量很高，那么解决好这些农产品的出路问题，对本地群众来说就是一项重要民生工作。为此他开始试着在淘宝上开店来销售推广本地的农特产品。刚刚开始会有亲朋好友来帮助购买，但是他觉得农产品的销售不能仅仅建立在这个平台上，应该建设更为广阔的互联网平台；同时，他认为“互联网+”农业是一个事业，不是靠一个人就能实现的，所以在他的介绍和带动下，宁国在岗的各批村干部共计有8名加入他的团队。

为了更好的发展，他们成立了公司。因为身份的原因和对未来的美好愿景，他们为公司取名“好蔬记”，即宁国市好蔬记农产品贸易有限公司。他们给公司设立了经营的战略目标，可以简单概括为“三步走+一平台”：第一步是通过电商平台的构建，不断进行农产品的品牌推广；第二步是品牌成熟之后的后续发展，利用产学研等方式带动群众从事高附加值的农产品或者新品种开发；第三步是将本土农产品同本土休闲农场等结合，打造休闲体验式的旅游经济；“一平台”就是他们希望把“好蔬记”打造成为面向全体大学生村干部的服务平台，让“好蔬记”成为更多大学生村干部帮助群众推广农产品的平台。公司成立至今已有8个月时间，完成了淘宝两个店铺的建立，完成了微信公众平台、微店、官方微博、公司网站、团购平台等多个电商平台的搭建。同时他们结合线上和线下的互动，实现销售收入约30万元左右，“好蔬记”已成为宁国市大学生村干部创业示范基地，荣获宣城市2014年度十佳特色网货品牌。

目前他们手头最重要的事情就是：一是不断完善电商平台建设，给顾客更多的前端消费体验。二是不断完善供应链管理，为顾客提供更多的品质优良产品。三是不断完善“好蔬记”综合服务体系，将产品包装、产品物流、售后服务以及个性化需求融入产品，从而打造富有特色的大学生村干部创业品牌。同时正着手打造“村干部+农户”的农产品流通模式，由农户负责生产，村干部负责包装、销售、服务等一系列后续工作。目前公司拟准备建立本地蔬菜直供点，并且融入互联网技术，让蔬菜生产全过程展现在消费者眼前，同时提高菜农销售收入，打造放心食品。

他们都是一名基层的大学生村干部，充满朝气，正如一粒粒饱满的种子，在一片片土地上开出一朵朵鲜艳的花，他们团结起来，便形成灿烂的花海。

相信不久的将来，“好蔬记”会成为安徽大地上一个响亮的村干部创业品牌。

李智虎

安徽工业大学

李智虎，男，1987年生，安徽工业大学2008级暖通专业硕士研究生，现任马鞍山天泽能源科技有限公司总经理、马鞍山焓谷能源审计公司总经理，马鞍山市钢铁企业工业炉窑节能技术工程技术研究中心副主任。2009年中国大学生年度人物，第五届中国青少年科技创新奖获得者。

李智虎科研功底深厚，先后主持了科技部创新基金项目1项，国家星火计划项目1项，第四、第五期中华环保基金节能减排公益基金项目各1项、安徽省高层次人才创新创业基金项目1项、马鞍山市科技计划项目1项，个人拥有13项国家专利，其中发明专利2项。其主持研发的“利用低品位余热的压缩-吸收-扩散复合制冷技术”解决了传统低品位余热利用效率低的问题，经中国科学院文献情报中心查新证实，该技术在国内属于首次提出，李智虎因此被授予第五届中国青少年科技创新奖。在北京人民大会堂，他受到时任人大副委员长王兆国、国务委员刘延东等国家领导人的亲切接见，共青团中央书记处书记卢雍政亲自为其颁奖。2010年6月30号，人民日报以“永不停息的创新者”对其事迹予以报道。

技术创新需要实践才能转化为生产力。依托自主开发的专业技术，2009年4月就读研究生一年级的李智虎创办了天泽能源科技有限公司，该公司致力于小型热制冷设备开发，初期因为价格偏高，产品迟迟没能打开局面。李智虎没有放弃，带领团队不断探索和调整产品策略。一个偶然的机会，他了解到国外观光海滩已经应用太阳能制冷，其主要采用的是太阳能发电驱动直流压缩机的模式。李智虎认为先将太阳能转化为热能然后驱动热制冷设备不仅可以提高太阳能利用效率，而且与光电太阳能相比，光热制冷成本优势非常突出。李智虎的公司将观光海滩上应用的太阳能光热冰箱作为主攻产品，目前公司客户拓展到加拿大、澳大利亚等多个国家，该产品也在2013年被评为安徽省重点科技新产品。

考虑到太阳能冰箱产品目前还难以大规模普及，而自己研发的技术不仅可以用于家庭产品，同样也可以用于工业节能领域，2010年12月，李智虎创办了马鞍山焓谷能源审计公司，并担任总经理。该公司主要致力于为客户提供专业的能源解决方案，服务包括用能诊断、能源系统设计、用能评价以及能源管理体系建设等。该公司开发的“轧钢能效在线评价软件”解决了企业能源考核的量化问题，2012年获得软件著作权，2014年在安徽省信息化十件大事中被评为重点新产品。

自成立以来，该公司业绩每年以30%的速度增长，2013年，被国家节能中心授予“全国节能先进典型”，2014年，被授予安徽省中小企业服务示范平台。“函盖充周，虚怀若谷”“包容、谦虚”是焓谷公司精神的诠释，也是李智虎的个人写照。

葛　强

安徽工业大学

葛强，男，1994年生，安徽工业大学2013级能源与动力工程专业学生。2014年任安徽工业大学素质教育中心精英部长，2014年暑期社会实践优秀队长，2014年社团联论剑辩论赛冠军、最佳辩手，2014年在安徽工业大学团委“中国梦”朗诵比赛中获得第一名。

2015年，葛强注册成立了马鞍山麦秸文化传媒有限公司。该公司经营有关视频和微信两个方面的产品。

视频方面：公司现有的视频有《安工大小苹果》《舌尖上的安工大》《安工大痒痒舞快闪》。其中后两部作品点击率分别为19万人次和28万人次，双双进入优酷首页推荐。

微信方面：“麦秸校园汇”综合性服务平台以微信为媒介，以服务大学生为宗旨，旨在为广大在校大学生提供更加快速、便捷的信息发布和交流方式，以及一种更加方便、数字化的生活方式。“麦秸校园汇”综合性服务平台依托校园各项服务，在微信平台上，做一个O2O平台，以校园内各项服务（如寝室灯管、空调报修，失物招领和校园卡充值、挂失，校园兼职信息发布，校园小型二手交易平台（C2C），超级课程表的功能等）为对象，和各方面商家合作，做成综合性O2O平台。麦秸文化传媒有限公司还承接外面商家的微信公众平台运营，收取运营费用和维护费用。

在提到创业的感想时，葛强说，在大学里生活了一年多以后，他们一群人开始想要寻找一些更加有意义的事情。刚好，他们之前拍过一些视频作品，在安徽工业大学乃至马鞍山地区以及安徽省高校之间，都产生了一定的影响，所以他们想要走传媒这条道路。

创业期间，团队遇到的最大问题就是，投入资金相对于硬件措施来说，显得太少了。也许他们一群人辛辛苦苦忙完一个活动，所获取的利润却购买不了一个简单的设备，这对他们刚刚起步的传媒公司来说，打击很大。另外，还有来自社会上的压力。自己办了公司才体会到社会各方面的压力，要想把公司经营好确实不容易。公司的每一笔收入都是大家自己亲自出去跑业务挣来的。业务量提升不上去，公司就没有好的发展，而业务量和承受能力是相互关联和制约的，所以这也是他们一直在解决的问题。

葛强说："虽然我们遇到的困难很多，但我们也收获了太多太多学校里学不到的经验和教训。所以我们会更加努力，克服一个又一个困难，做我们想做的，做我们应该做的。"

李龙云

安徽理工大学

李龙云，男，1991年生，安徽理工大学2010级测控技术与仪器专业学生。在校期间，获得第二届全国高等学校采矿工程专业学生实践作品大赛二等奖和校第四届大学生电子设计大赛二等奖，拥有实用新型专利2项，发表论文1篇。

2015年1月，李龙云及其团队成立了安徽省极索智能科技有限公司。该公司主营智能家居、智能插座、集成系统、计算机软硬件及电子数码产品的研发、制造、加工、批发、零售，是一家集研发、生产、销售及技术服务为一体的高新技术企业。目前，公司团队已有10余人，与极米等公司达成合作关系，在淘宝、阿里巴巴、亚马逊等电子商务平台注册开店。目前所有营销活动主要在线上进行，预计年营业额1 000万元。

李龙云说，之所以选择创业是因为大学期间有很多想法一直没有机会去实现，而很多理论不亲自实践，就无法达到更高的认知，螺旋式的认知就是在理论与实践中上升的。他认为受过大学教育就要干一些没上大学的人干不了的事。国家鼓励创业的大环境非常好，作为90后需要大家去拼搏的时代已经到来，如果可以，我们更愿意用技术回报社会，贡献自己，同时，创业成功也会让我们的家人不用那么辛苦。

他说，目前他们创业中遇到的主要困难是，团队比较年轻，社会人脉方面相对缺乏，社会经验相对不足。他们公司解决这一难题的办法主要是借助于公司所在园区大学科技园所提供的资源、互联网及校友们的帮助等。他们团队的宗旨是以工匠精神打造智能家居领域中的极致产品。

岳　稀

安徽理工大学

岳稀，女，1987年生，安徽理工大学2014级工程管理专业学生。现为淮南我帮您广告传媒有限公司总经理。在校期间获得淮南市首届青年创业大赛创业新星奖、淮南市优秀创业项目征集和评选活动一等奖、第四届安徽省合锻集团“挑战杯”创业大赛银奖。

2014年4月，岳稀及其团队成立了淮南我帮您广告传媒有限公司。该公司扎根校园，为在校生搭建一所平台，为校园和社会建立一所桥梁，凝聚团队人员，提供创新、创业的平台，主要从事旅游摄影、外联商务、新产品营销等业务。该公司核心团队人员10人，投资金额40万元，年营业额50万元，为在校生提供多个兼职机会。

在谈到创业感想时，岳稀说，孤身一人从江苏来安徽理工大学求学，她没有想到自己会留在淮南创业。她创业的动机源于大学期间的经历（摆过摊、给商家做过活动等）以及对母校深深的感情。她的父母曾对她说：“来你们大学上学的又不是你一个，为什么就你留在这个城市创业，我们就你一个女儿，不需要你创业。”可是，大学毕业后，她毅然决然地租房子，租店铺，甚至觉得自己很有能力，毕业以后可以挣更多，因此还贷款买了房子。那时候，她要负担房贷、房租、货款等，压力很大。现在想想，很佩服自己那时候的勇气和热情，但又觉得那时候的自己很幼稚，做任何事情都是凭着感觉，想到什么做什么，从来不计算成本和收益，说是创业，其实更像小商小贩。

回想创业经历，虽然走过弯路，但是她很庆幸，自己的大方向没有错，没有放弃，仍然在创业这条路上坚持着，努力着，总结着经验，积累着人脉，开阔着自己的眼界，一点一点地带着团队的人进步着。在毕业之前她参加了学校和人社局举办的SYB创业培训班，所以老师都知道她在创业。2012年，淮南市为响应国家支持创业的号召，举办了“淮南市首届青年创业大赛”。那时她和学弟学妹们在一个小巷子里卖着小百货。虽然一直做校园市场，可是在一无资金、二无经验、三无人脉的情况下，感觉是离创业成功不远，但实际上是在绕圈，没有找到自己的道路。她说当时自己没有自信参加比赛，但是老师一直鼓励她重在参与，后来她参加了这个历时3个月的比赛，最终获得了创业新星奖。她说：“获奖了我真的很开心，这次比赛中只有我一位女生，其他很多人是比较成功的优秀创业者，而我本来只是抱着试试看的态度，结果收获很多，从此以后，我告诉自己任何机会都要尝试，不要害怕，最坏的结果也不会比不参加差。”她还说：“人一定要懂得感恩，我虽然是外地人，但是我在母校的这片热土上，收获的感动很多，我不感到孤单，不感到无助。我从刚开始为自己及家人创业，到现在为身边支持我、信任我、帮助过我的人创业，因为我要对得起这份信任，也想为淮南的发展贡献自己的一份力量，如果将来在淮南甚至安徽的发展这个长城上，我能起到一块砖的作用，我会很自豪。”

孔维玲

安徽财经大学

孔维玲，女，1991年生，安徽财经大学2009级经济学专业学生。2015年安徽省大学生村官先进事迹报告团成员，合肥市三八红旗手，肥西县妇联系统“身边好人”，肥西县五美女性，肥西县农村实用人才，第四届“合肥五四青年奖章”获得者。曾参加安徽省大学生村官创业大赛并获得优胜奖，参加合肥市大学生村官演讲比赛并获得二等奖。2015年孔维玲注册成立合肥蔚林园林绿化有限公司。

2013年9月，23岁的孔维玲通过合肥市大学生村官选聘考试，来到肥西县柿树岗乡双龙社区担任主任助理。工作后不久，她了解到当地许多村民都外出务工，大部分土地被闲置。如何引导和带动村民利用好土地资源，增加收入就成了她主要思考的问题。

后来，她结合肥西县“花木之乡”丰富的苗木资源和产业优势，决定进行苗木种植，成立了合肥蔚林园林绿化有限公司。2014年6月，肥西县委组织部、县选聘办和柿树岗乡党委创建了肥西县大学生村干部创业示范基地，以合肥市蔚林园林绿化有限公司为实验区。未来她还将建立合作社，逐步探索完善“合作社+农户+直销点”的新型设施农业发展之路，为推动农村产业结构调整、促进农业增效和农民致富发挥示范作用。

目前，基地共流转土地170余亩，投资70多万元，已种植各类苗木超过40万棵，直接为周边30多位村民，包括五保老人提供了工作机会。大学刚毕业的她，很快就经历了从“城里姑娘”“村干部”向“村里人”“种植户”的角色转换，展现了当代大学生以及当代大学生村干部的青春风采。

她的创业事迹多次被网络及电视媒体报道出来，无论是日常工作还是其他志愿服务，她都受到社区“两委”成员及村民的一致好评。

吕长育

安徽财经大学

吕长育，男，1992年生，安徽财经大学2012级经济学专业学生，曾主持2013年省级大学生创新训练项目“虹膜识别技术的商业价值和市场推广(AH201310378375)”并结项，参加校首届“挑战杯”中国大学生创业计划竞赛“网络虚拟运营”专项竞赛并获得一等奖，参加“昆山花桥杯”第十届安徽省大学生职业规划设计大赛暨大学生创业大赛安徽财经大学校内选拔赛并获得金奖（创业之星）（团队项目），参加安徽财经大学第六届企业模拟运营大赛暨2015年“学创杯”全国大学生创业综合模拟大赛选拔赛并获得特等奖（团队项目），并在安徽省获得一等奖，还将继续参加全国竞赛。

2015年，吕长育及其团队注册成立蚌埠市尚艺文化纪念品有限公司，主要从事文化纪念品设计开发与制作。公司注册资本为100万元，目前投资金额数达20万元。蚌埠市尚艺文化纪念品有限公司成为蚌埠市创客空间首批重点孵化项目之一。

吕长育说，自己从小就有一个梦想，要成为企业家。自2012年进入安徽财经大学后他更加坚定了人生目标：创业。2012年，刚进大学他就朝着这个目标前进。在校园里，他摆过地摊，发过宣传单，做过兼职，等等，通过这样的经历来积累自己的经验，体验不一样的大学生活。他参加过很多创业比赛，也获得过许多奖项，这些比赛让他学到了很多与创业相关的知识。他还利用课余时间，开过一家小商店，经营一些食品业务，这更加丰富了他的大学生活，也进一步增强其创业的激情和信心。他也参加过许多学生组织，担任过大学生创业协会副会长，参加、组织过许多和创业相关的比赛和活动。这些都为他积累了很重要的经验和人脉。

2015年3月，他带着尚艺文化纪念品工作室成功入驻安徽财经大学大学生创业孵化基地。他说，在创业过程中他们遇到过很多困难，如团队人员的协调、客户渠道的建立、进货渠道多元化等，但是他们团队都始终坚定一个信念："我们在创业，我们要坚持！""虽然我们取得了一些小的成功，但我们不会为此停下脚步，止步不前，我们还在继续努力，在我们的项目在安徽财经大学站稳脚跟之后，我们还要将它拓展到其他高校，以达到我们的最终目标：建立高校文化纪念品连锁品牌。"

总而言之，现在创业的外部条件是无比丰厚的，家庭、学校、政府也给予了大力支持，我们没有理由不去努力奋斗，朝着梦想，坚持走下去！

易湖洪

安徽财经大学

易湖洪，男，1991年生，2015年毕业于安徽财经大学国际贸易专业，现为江西美美信息科技有限公司总经理。

随着互联网快速发展，易湖洪结合自身兴趣，在思考金融和互联网关系的同时，投身互联网金融业，找到合适的合伙人，于2014年投资P2P方向，成立江西美美信息科技有限公司，主要通过互联网撮合借贷双方进行交易，P2P从中进行信息的发布及资源整合，进行线上精确网络营销及线下区域性营销，活动包括注册、推荐奖励、关注微信送礼品等活动。目前，易湖洪团队有30人，投资金额1 000万元，“今时贷”上线运营的前8个月，取得4 693万元的业绩。

随着互联网的快速发展，加上易湖洪自身对金融感兴趣，他开始思考金融和互联网可不可以结合。当时，正值阿里巴巴余额宝大热，他搜集了大量关于互联网金融的信息。在搜集的过程中，互联网金融的概念越来越吸引他，他发现互联网金融尤其P2P方向可以和他所熟悉的担保行业结合，所以他产生了创业的想法，毕竟当时P2P也属于蓝海行业。

2014年11月8日，易湖洪团队推出“今时贷”试运营。不久，易湖洪团队遇到了他们在创业过程中的最大困难。因为他们对行业上下游没有充分了解，“今时贷”一上线，就在短时间内涌进了2万多人，这产生了两个反应：一是服务器立马增大容量，这个影响还不是特别大；二是“今时贷”上线做的一些活动，如送10元电子券给注册客户，老客户推荐其他人注册得10元电子券等，导致“今时贷”一上线就亏损了35万元。

面对这些困难，易湖洪团队及时采取了处理办法：

首先，如何处理注册、推荐奖。如果兑现承诺，“今时贷”将直接亏损35万元；如果不兑现，“今时贷”的信誉将降得很低。最后，出于对公司长远发展考虑，公司决定：只要注册时填写的信息真实有效且绑定银行卡的用户，都发给奖励。

其次，活动需要怎么变动。如果不变，那么“羊毛客”（拿奖励的人）会越来越多，损失会进一步增大；变动的话，会不会因为新规则仍有漏洞而导致新的损失。当时时间紧急，公司所有员工都在想办法：一边找技术人员，一边四处寻“医”。最后找到一家“老平台”，他们当时上线时也发生过类似的活动，最后他们通过一个小小的条件把这些“羊毛客”拒之门外。借助“老平台”的经验，易湖洪团队成功渡过此次危机，之后一直按照既定的规划在发展。

易湖洪认为：要想创业成功，一是要找到合适的合伙人；二是要找到合适的团队成员，事都是人做出来的，无论你的模式怎么样，只要团队成员人心齐，他们就能摸索出一种适合本公司发展的模式。

易湖洪说：“积累人脉，才能提升创业成功的概率。”

张雅婧

淮北师范大学

张雅婧，女，1989年生，2011年毕业于淮北师范大学英语教育专业。2013年，张雅婧创立彩虹培训学校，该学校在江苏省徐州市获得了良好的口碑。现已发展为涵盖小学、初中、高中全科的综合性教育培训机构。彩虹培训学校最初只有1间教室，20来个学生，经过近两年的发展，学生人数不断增长，办学规模逐渐扩大，学校得到越来越多学生和家长的肯定和支持。彩虹培训学校现拥有5间教室，1间办公室，1间接待室及1间辅导室。

在办培训学校之初，张雅婧和合伙人只凑出了20 000元钱。由于彩虹培训学校成立时间不长，没有声誉和品牌，学生都是按月交学费。每到月底，张雅婧和合伙人总是感到资金周转非常紧张。幸好，他们的服务工作做得还不错，彩虹培训学校得以稳步发展。

很多人问张雅婧应该如何招生。在大家看来，生源的多寡是培训学校能否办下去的关键。张雅婧始终认为：口碑是最好的广告。在彩虹培训学校发展的过程中，两年之内生源不断增加，靠的就是口碑。在彩虹培训学校发展壮大的每个阶段，大量新增加的学生都是由老学员推荐而来的。教育培训是一个客户要求非常高的服务型行业。他们何以在此行业立足？张雅婧认为：只有为客户创造价值，让学生喜欢“彩虹”并提高学习成绩，让家长信任“彩虹”并相信“彩虹”可以帮助学生提高成绩，“彩虹”才能在市场大潮中立足。为此，他们聘用合适的工作人员，让至少70%的学生和家长对他们的教学服务工作满意；收取适当的学费；向家长如实反馈学生的学习情况，并给他们提供合适的建议，不过分提高他们的期望值。

在张雅婧看来，做好服务的关键之一是师资。口碑来自良好的教学服务工作。怎样才能做到更好的教学服务呢？其关键之一在于师资。因此，如何招聘到合适的老师，并通过恰当的管理使他们的能力得到充分发挥很关键。为了维持师资的稳定以达到持续发展的目的，他们采用的主要方式如下。第一，招聘。每当现有师资已经充分使用时，他们就开始进行招聘，将新招聘来的师资作为备用。每次招聘中，他们都尽可能进行严格的“二面一试”来留下合适的人才。“二面一试”，即若需要两个备用人才，第一次初步面试，留下6—10个人进入第二次面试；第二次面试后留下3—4个人；第二次面试后留下的人通过轮流上班或者兼职实习的方式进行试用，他们通过观察其工作表现而最终留下需要的备用人才。第二，任用与管理。选好合适的师资后，先给他们安排少量工作，给新人一个较为宽松的过渡时间。等到新人比较适应给予的工作之后，再逐步增加工作量，直到达到最合适的状态。在管理上，他们始终坚持“八分人才，九分使用，十分待遇”的核心原则；同时尽量放手让老师们自由发挥，他们只需要确保其在努力工作即可，只有在老师们遇到问题与困难，或者确实有工作失误时才进行适度干预和指导。

做好服务的关键之二是教学设计与教学管理。教育培训是纯粹的服务性行业，服务是否有效，关系到学校的生存。而对学生家长来说，教育的成效，很大程度上是通过孩子的学习成绩是否提高来衡量的。多数到彩虹培训学校补课的学生在学校的成绩都是不怎么好的，其中相当一部分学生的学习态度很糟糕。在开办之初，由于学校没有知名度，很多上门来的学生家长都是抱着试试看的态度，因为他们的孩子已经去过别的比较知名的培训学校，但是没有成效，甚至有的学生对一些培训学校还产生了极大的反感。针对该年龄阶段的学生心理，学校采用了“连贯教学+个别辅导”的方式进行教学。“连贯教学”就是让学生尽可能每天放学后都到“彩虹”来一次，而每次让学生每科学习半个小时（当然要根据学生的实际情况来安排），从而保持教学的连贯性，弥补孩子不会主动学习造成的不足；“个别辅导”就是针对孩子的个别情况，在统一教学后，再进行个别辅导，因为学生基础不同，接受能力也可能不同，在同样的时间内，他们学到的知识就不同。同时，他们特别设计了小星星奖赏，只要学生学习有进步，表现良好，或者作业良好等，就进行奖励。学生可以积累小星星，当小星星积累到一定数目时可以换奖品。此招很有效。从小学一年级到初三的学生，都想多得小星星，所以很多时候都愿意接受更多的学习任务。可是，“连贯教学+个别辅导”的方式效率低下，在这样的方式下，能够教授的学生比较有限。所以，后来他们改成了“连贯性”教学，即专门针对孩子的弱科，把每个星期的三节课或者四节课，分散到三四天里去上，每次只上一节或者两节课。2015年伊始，他们就对教学方式进行了全面改革，完全抛弃之前的作业辅导模式，取而代之的是“晚间课”，并且根据教学连贯性的原则，对“晚间课”进行合理安排。而在课外时间，他们坚持做好免费服务工作，即只要学生课外需要来学习，请教问题，他们随时安排老师免费进行辅导。同时，他们对于课堂上少数跟不上学习的同学，也在课外安排时间进行辅导，这使很多在课堂学习比较吃力的学生都比较愿意来“彩虹”学习。在教学风格上，他们坚持以轻松活泼的教学方式，充分激发学生的学习主动性，而避免强迫学生学习。最重要的是，他们在课程安排上给予每个老师一定的空余时间，可以让任课老师自己安排对基础较弱的同学进行特别课外辅导。

张雅婧在读大学时，每年的寒暑假，就是她经历“代课磨砺”的最好时机。还在读大学的她就已经完全适应了教师这份工作，这对于她对“彩虹”的管理有很大帮助。因此，张雅婧对我们说：“想从事教育培训的人，自己一定要具备一些相关的能力并且热爱这个行业。开办之初，避开与已经有一定影响力的当地培训机构进行正面竞争。若当地主要培训学校在少儿英语上做得比较好，那么你就从学校的同步应试介入；也可以考虑别的学科——虽然我们最初也是在英语培训方面做得最强劲，但是我们的理科也不错，而且现在是理科远远重于文科。当然还得考虑你自己的长处，即你擅长什么科目，也是非常关键的。我们有新创的模式，是因为我比较了解记忆的规律，据此设置课程。”

开办之初，张雅婧他们就做出规定，盈利不是他们关注的直接目标，他们关注的直接目标是教学服务工作。他们坚信：只要做好教学服务工作，利润自当随之而来。所以，开办至今，他们的学费一直不是很高，且无偿或者降低收费标准帮助过很多需要帮助的学生。这都是源于他们对“服务带来盈利”的高度认同。

杨同舟

安徽工程大学

杨同舟，男，1990年生，2015年6月毕业于安徽工程大学机电学院自动化专业。2010年创立同舟贸易商行，2014年创立芜湖土拨鼠电子商务有限公司。

芜湖土拨鼠电子商务有限公司是一家互联网生鲜公司，公司采用O2O以及基地产品直供模式为广大消费者提供便捷、干净的生鲜食材。公司目前有16名员工，合伙人投资近百万元，2015年4月至6月获投资公司近千万元投资。主要营销活动包括银行、4S店的合作推广，联合团购网站进行推广，社区广告等。2014年年销售额达200万元，预计2015年年销售达2 000万元。

他叫杨同舟，安徽淮南人，平时爱好打球、长跑、上网。

四年的大学生活让他感慨万千：学到了很多，收获了很多，结交了不少志同道合的朋友，认识了许多值得终身学习的老师。同时他也很荣幸在大四那年得到安徽工程大学最高荣誉——“十佳大学生”称号，他时刻提醒自己要更加努力，不辜负学校给予的荣誉。

2010年，读高三时，杨同舟一次无意中看到一则报道：一位大学生靠着自己的淘宝店铺创业，月收入3 000元。出身农村普通家庭的杨同舟想：我大学期间要是也能赚钱供自己读书、生活就好了。从那时候开始，他便对电子商务产生了极大的好奇心。他上网了解了在淘宝网开店的要求和相关规则后，开了他人生中的第一家淘宝店铺。高考一结束，他便开始打理这个店铺。店铺是有了，可是到哪儿去找货源呢？自己家里也没有商品可以销售。于是他在网络上找起了货源，可是问题又来了：他不知道要选择哪类商品。经过思考，他决定按照自己的兴趣爱好方向选择，最终他选择了电子产品。

自己没钱，怎么进货？经过和一家网店老板交流，网店老板同意了杨同舟开网店帮他代销的模式。这样，杨同舟就可以不用进货、压货，便开始了网店的经营。理想和现实总有很大差异。虽然，他的产品按照淘宝网的规则上线了，但是他的产品根本卖不出去。他开始研究别人家的店铺和商品，经过一段时间的积累，不断完善自己的产品图片以及产品描述，他的生意渐渐好了起来。经过一年的摸索和发展，在大学二年级时，他每天能接到20多单，生意好的时候他一天能接到50多单，同时他也实现了高中时的愿望。后来，他参加了“淘宝杯”大学生新锐网商创业大赛，拿到了大赛优胜奖以及二等奖。

2013年，在不断寻求新的机会的时候，杨同舟发现了一个“2013年的速卖通相当于2003年的淘宝”的广告，和朋友商量后，几个年轻人决定尝试一下“速卖通”平台的买卖。“速卖通”是个跨境电商平台，商品搭建、描述以及买卖双方对话都用英语，杨同舟不太擅长这些，所以他们的前期业务不是很理想。调整经营思路后，他们改卖外国人比较喜欢的中国特色产品，这一改变果然奏效，他们的业务量开始稳步上升。

2013年9月，杨同舟已经开设了3家网店，且业务能力突出。通过业务交际，他交到了很多电商朋友。通过朋友推荐，他被黄山一家食品公司邀请担任公司电商部负责人，主要负责运营公司旗下天猫店铺和阿里巴巴店铺，并负责电商部门人员管理和培训。杨同舟在职期间，带领团队人员16人，建立了人员绩效管理机制，并实现了公司全年2 000万元的销量。

2013年年底，作为一名大二学生，杨同舟的月收入比一般白领还要高，但他不满足于现状，希望能再做点什么。

某天，他无意间看到了一段视频：很多都市白领没有时间去菜市场买菜，又觉得吃饭馆的饭菜不放心。杨同舟灵机一动：我能不能为都市白领解决这个问题呢？循着这个思路，他想到了做一个生鲜市场服务公司。有了这个想法，他没有立即着手做，而是先分析了一下市场。通过分析，他认为：淘宝、京东等平台难以涉及生鲜销售，生鲜电商平台必须具有本土化特点。于是，他和两位要好的同学谈了他的想法，三个年轻人都觉得做这事靠谱，他们就开始筹划项目。2014年3月，为了检验市场对互联网订购生鲜食材的接受程度和他们自己搭建的微信订购系统的稳定性，他们决定先从校园开始做起，但是不能做食材，因为学生群体不需要食材。于是他们想起了做水果，有了前期的宣传、推广，他们逐渐开始了运营。一个月下来，生意好的时候他们每天有上千元的订单，这个校园水果配送试点的成功运营更加坚定了他们做生鲜食材的决心。2014年4月中旬，他们开始在芜湖市市区配送生鲜食材。一开始，推广很难，他们只能到一个个小区发传单，一段时间后，他们的平台开始有了起色。随着宣传力度不断加大，订单越来越多，他们不得不请人帮忙，就这样，从一开始的3人团队逐渐发展为今天的20人团队。2014年，他们完成了200万元销量的业绩。目前，杨同舟团队项目已被安徽省芜湖市列为芜湖市镜湖区重点创业项目、芜湖市大学生创业重点孵化项目，同时他们已入驻芜湖市大学生创业园。

刁志文

安徽工程大学

刁志文，男，1991年生，安徽工程大学2014级服装设计与工程专业本科生。

刁志文认为：创业是出于个人的兴趣和对创业生活的追求，对那种不断涌来的波折有一种挑战的渴望。无论是创业带来的挫折还是惊喜，都会让自己的生活充满乐趣。一旦发现商机，经过思考之后马上就付诸行动。

刁志文团队的高校商店起初定位是在校学生的零食、日用品配送。刚开始是自主仓储，自主配送。团队伙伴们投资的大部分钱都压在货上，一方面仓储空间有限，另一方面平台知名度不高，食品等货物面临售不出的窘境。他们的高校商店，一开始就面临销售难、推广难的问题。而平台关注量是解决这一问题的关键，为解决这一问题，他们发广告纸进行宣传，联合校内媒体进行网络宣传，制作小型礼盒免费送惊喜……他们期望通过这些途径来树立口碑。

此外，刁志文团队与光明乳业达成战略合作关系，开展校区业务，并在一周内顺利突破百单。高校商店人气进一步增长，关注量也进一步增加。在维持老客户的同时，高校商店稳步发展新市场。刁志文团队借助康师傅经典奶茶促销活动，将高校商店品牌形象拓展到芜湖各高校，仅在安徽工程大学五日销售量就破千箱，整个康师傅促销销售额共108 000多元。刁志文团队的表现受到康师傅顶津公司领导的好评，同时，高校商店的关注量增加2 000多人，为高校商店的进一步推广起到重要作用。与此同时，刁志文在阜阳地区的水果、外卖业务也进展顺利，结合百事公司的饮料促销，高校商店的知名度进一步提升。

虽然高校商店遇到重重困难，但积极乐观的团队总在努力寻求突破，并与当地多家重创空间合作，总结和学习经验。高校商店团队是一个善于学习的团队，刁志文他们用强大的学习力推动高校商店的进一步发展。

刁志文认为：作为个人而言，要想推动本地电商的快速发展，必须实现资源共享，能把自己的平台推向大众，推向广大商家，能通过一个专业性的团队去使广大师生受益，能使更多微型创业者有更大的发展空间，能使校内、校外资源流通。让“懒”成为时代的主流更是高校商店的宗旨：把琐碎的事情交给高校商店，让用户做自己更擅长的事。

贾凯

安徽工程大学

贾凯，男，1993年生，安徽工程大学2011级工业设计专业本科生。

2014年6月，在上大三的贾凯面临人生中很重要的一个选择：考研？实习？在互联网大背景下，经过深思熟虑，贾凯打算从互联网行业开始，去开创属于自己的那份事业。

贾凯找到三个朋友，经过一番商讨，他们确定了公司的发展方向——依托手机软件以及策划宣传的新媒体企业，致力于给客户提供最满意的技术支持、广告设计和活动策划。经过一个多月的筹备，芜湖人人文化传媒有限公司于2014年7月31日成立，公司主要业务分为两块：一是手机APP开发与推广，二是文化传媒。

在人人文化，贾凯主要负责公司自有媒体"芜湖派"APP（芜湖本地门户APP）的推广以及活动策划。和所有的行业一样，公司发展最需要的是客户。在接下来的日子里，贾凯每天奔波于芜湖各大商场之中，吃闭门羹是常有的事。但是，经过不懈的努力，入驻"芜湖派"的商家越来越多，同时用户也越来越多，通过商家优惠活动吸引用户，用户体验促进商家入驻。经过近一年的努力，"芜湖派"入驻商家近50家，分布于芜湖各大广场（万达广场、苏宁广场、汇金广场、雨耕山广场），"芜湖派"本地用户已达1万人次。

在APP开发方面，公司为客户定制开发APP，"掌上安工程"APP、"WE校园"APP，为公司带来经济效益。

在微信推广方面，公司为一些企业搭建微信公众平台并进行推广，还包括微信平台的托管业务，如芜湖"尚品宅配"官方微信平台的推广，在短短一个月的时间里通过各种活动为其官方微信增加粉丝2万人次。人人文化的办事效率以及服务质量得到了客户的认可。

同时人人文化也取得了很大的进步。最初，贾凯带着自己认为很好的策划案满处跑，四处碰壁，总是想得太简单。经常会收到客户的电话咨询，做一份详细的活动策划案发过去，然后对方就杳无音讯。经过总结，他们决定，通过网络、电话咨询的客户，一份简单的策划案即可，进一步确定合作方案后，人人文化再出详细策划，效率果然提高了很多。在近半年的时间里，公司策划多场活动——明珠之星礼仪小姐大赛、芜湖徐福记开业活动、万达新生才艺大赛等。2015年5月公司承办了江苏电视台《超级宝贝》芜湖繁昌赛区比赛，历时三个月，共举办六场活动，为公司带来经济利益的同时，大大提升了公司的社会知名度。

吴 翔

安徽工程大学

吴翔，男，1991年生，安徽工程大学2014级环境工程专业硕士研究生。吴翔先后获得过国家励志奖学金、安徽工程大学一等奖学金和二等奖学金，2012年获得芜湖市数学建模三等奖、安徽工程大学数学建模二等奖和安徽省百所高校百万大学生科普创意创新大赛优秀奖。

2014年，吴翔创立芜湖振翔工艺品有限公司，公司注册资本65万，公司落户在芜湖大学生创业苗圃。凭借“徽尘记忆创意芜湖铁画”项目，公司获得了“2014年度芜湖市十佳创业项目”称号、2014年度“华亿杯”皖江青年科技创新创业大赛优胜奖和“全国大学生创业基金”全国二等奖，还获得15万元的大学生创业基金支持。芜湖市大江晚报，芜湖市新闻网，芜湖广播台对他的创业事迹多次进行报道。

吴翔自2013年开始自主创业，以传承非物质文化遗产，弘扬社会主义文化为己任，致力于芜湖铁画的发展创新。芜湖铁画是芜湖特产，也是首批入选国家非物质文化遗产的美术工艺品。铁画历史悠久，风格独特，在工艺品行业拥有广泛的前景。然而，现在整个芜湖铁画行业在走下坡路，铁画技艺正面临着失传的窘境。吴翔的创业即从芜湖铁画入手，他立志找到一条芜湖铁画发展的新道路。正因为自己是学生，所以想到的第一个市场就是学校。他曾经在学校做过市场调查，听说过芜湖铁画的学生占比80%以上，而见过铁画实物的不足10%，购买过的人更少！然而由于铁画工艺的独特性，实物给人的感觉是图片所替代不了的。吴翔说，芜湖每年毕业的学生好几万，如果每个人能带一幅铁画回去，然后他老家的亲朋好友能看到这个实物，再有一个网络销售渠道，那芜湖铁画销量自然就有了突破。传统铁画的画面素材多为花、虫、鱼、字画，不受年轻人欢迎。为了让更多的人看到芜湖铁画实物，作为一名在校生，吴翔从校园得到了灵感，他想如果把校园风景做成铁画，那岂不是一个突破。吴翔在2013年4月以安徽工程大学校园风景为原型，设计、制作了第一款校园风景铁画，受到广大师生的好评，一个毕业季销售一千多份。同时，吴翔在学校里举办铁画展，让铁画亮相寝室文化节，让更多的学生接触和了解芜湖铁画。新款铁画在经过网络宣传后，被芜湖大江晚报专题报道，得到了社会各界的一致好评。在取得第一次试点成功后，吴翔又陆续以安徽师范大学、安徽商贸职业技术学院等校园风景为原型制作了一系列校园风景铁画，从此为没落的芜湖铁画行业打开了一条新的出路，为即将失传的非物质文化遗产注入了新的活力。

在取得芜湖铁画创业项目的试点成功后，吴翔带领安徽工程大学的几个学生在2014年6月创办了芜湖振翔工艺品有限公司，公司注册资本65万。在学校就业指导中心的推荐下，公司落户在芜湖大学生创业苗圃（此创业苗圃也是安徽工程大学与芜湖市经济开发区共建的安徽工程大学创业基地）。在学校就业指导中心老师的推荐下，吴翔携创业项目参加了多次比赛，并获得多项大奖。

吴翔在创业的过程中，对校园市场更加了解，他提出了“文化产品”这一理念，即发掘一个地区的文化，然后附加到一个载体上。正是在这一理念的指导下，2015年，吴翔又带领公司团队成员开发了“徽尘记忆”系列校园手绘明信片，“徽尘”这个词指美好的事迹。“徽尘记忆”就是对美好事迹的回忆。大学的那段时光就是一种徽尘记忆。目前公司已经将安徽省所有高校校园风景以手绘明信片的形式推向市场，通过校园贴吧、QQ空间的宣传，每到一个学校火爆一个学校，受到了各个学校师生的一致好评。手绘明信片产品已经被几个学校作为毕业生纪念品大量采购。吴翔说，在今年这个毕业季之前，“徽尘系列”校园手绘明信片将覆盖安徽、湖南、湖北、河南等省份所有高校，陆续还会以校园为题材推出一系列校园文化产品，可以是一个带有学校特色的笔记本，一支笔，一个鼠标垫……并且已经将“徽尘记忆”注册商标，吴翔立志将“徽尘记忆”打造成一流的校园文化产品品牌。

目前公司团队已经发展到了8个人，他们全部拥有本科以上学历。业务涉及文化产品设计、生产、销售，旅游纪念品的设计、销售，芜湖铁画的设计、生产、销售。公司已经在全省各个城市、学校拥有合作经销商，并且跟芜湖市旅游局、镜湖区商务局、镜湖区旅游局等单位合作。预计年营业额200万元以上。

吴翔在创业的同时不忘文化知识的学习，2014年9月，吴翔考取安徽工程大学环境工程专业研究生。作为环境工程专业的研究生，虽然目前创业项目是文化创意类型的，但是他并没有抛弃自己的本专业研究。2015年2月，吴翔利用自己的专业知识取得一项用于污水处理的实用新型专利，获得“安徽工程大学第三届专利大赛”一等奖，吴翔即将用这项专利技术开创一家污水处理、环境保护方面的企业，为环境保护贡献出自己的一份力量。

张　晨

安徽中医药大学

张晨，女，安徽中医药大学2013级中医外科学专业硕士研究生。2011年，张晨和她的伙伴创立了绩溪涧洲旅行社有限公司。

绩溪涧洲旅行社有限公司坚持高素质人员队伍、高品质旅行路线、高质量导游服务、高标准内部管理的经营理念，经营业务主要有国内旅游、入境旅游、会务、旅游商品销售等，同时根据客户的需要适时制订休闲自助游、票务代理、商务考察、老年人特色游、校友会等一系列服务项目。拥有员工10人，起初投资金额约30万元，营销活动包括宣传册页、网站宣传等。2015年1月获得宣城市消费者协会颁发的“诚信单位”称号。

2008年，由于在高考中发挥失常，张晨没有被理想的学校录取，心里一直担心毕业后找工作难。后来在家人的启发和鼓励下，张晨于2011年和章雪薇一起创办了绩溪涧洲旅行社有限公司。经过五年的打拼，她们的公司取得了较好的经济效益和社会效益，张晨现将几年来取得的成绩和感受与大家分享。

第一，选好项目是关键。因为父母都从事旅游业工作，张晨从小耳濡目染，略懂一二，所以她选择了开旅行社，结果证明她的选择是对的。旅游这项工作看起来很轻松，但真正做了才知道很辛苦、很烦琐。游客要求高，因此她们把“最科学的线路、最合理的价格和最优质的服务”作为工作的宗旨。几年来，她们做到了真正为顾客着想，加之热情、周到的服务，公司受到了广大游客的一致好评，在当地同行业者中首屈一指，年营业额由当初的100多万元上升到了现在的300多万元。

第二，发挥优势，突出品牌。绩溪是徽文化的发源地，人文资源和自然资源十分丰富，地理位置和交通优势明显，因此她们打出了“名人故里、徽菜之乡”品牌，利用在学校所学的知识，特别是互联网知识，建立了自己的网站，确定专人负责网上营销，取得了很好的效果。这不仅节约了派人出外营销的成本，也大大提高了员工的计算机水平。公司已成为绩溪县电子商务协会会员，由于是在当地同行业中最先开展网络营销，并率先开展旅游电子商务，公司已成为同行业的楷模。

第三，做到创业与学习两不误。由于公司地点在绩溪，而张晨在合肥读书，张晨自然就成了合肥市场的负责人。几年来虽然学习很紧张，但她从来没有耽误过学习，没有因为公司事务请过一天假，她在学校的成绩和表现是有目共睹的。张晨利用休息时间开拓合肥客源市场，并利用互联网，积极在网上开展营销，与公司沟通，真正做到了创业与学习两不误。人虽然很辛苦，但感觉很充实，很有成就感。

第四，创业不忘回报社会。通过几年的打拼，公司积累了一定的资金，除一部分资金用于职工福利和改善办公条件外，张晨每年还拿出一部分资金资助当地的一些老年协会，组织敬老院老年人就近旅游、免费体检。2012年、2013年、2014年的“九九重阳节”，张晨已连续组织了上庄、长安、宅坦、坦头等村老年协会赴北京、杭州、宣城等地游玩，并赠送每位老人一份旅游纪念品，让老人感受到了旅游带给他们的幸福与乐趣。

刘先磊

安徽建筑大学

刘先磊，男，1986年生，2010年毕业于安徽建筑大学市场营销专业。2013年4月，刘先磊成立合肥市明磊网络科技有限公司，公司以网络销售为主，在天猫、阿里巴巴、京东商城等网络平台开设店铺。目前团队人数10人，经营的产品有美的小家电系列、飞科个人护理系列、好记星电子教育产品；累计投入200万元资金。公司年销售额千万元左右。

在大学期间，刘先磊因个人爱好，喜欢上电子商务。2009年暑假在专业课老师的指引下，拿着家人给他准备考研的2 000元，一个人踏上了淘宝这条痛苦并快乐的创业之路。创业前期，缺资金、缺货源、缺经验。在家人及亲朋好友的支持下，资金方面能够维持正常的日销进货；没有任何经验，早起晚睡，了解淘宝的各项规则，1周的时间，才发布了10款宝贝。刚开始就是销售学校同学们的二手书，以3元、5元、8元不等的价格收购，在网上卖给需要的人，这些二手书对已经用过的同学来说，可能就是废纸，对于有些人来说是很急需的，正常可以卖到15元至20元。在学校内，他也没有更多的市场信息，无意间，在使用考研电子词典时，他发现了市场，那就是电教市场，专门提供学生使用的电子教育产品。当时在实体店购买一部品牌电子词典需要500元，他立刻在网上搜索同款电子词典的价格，通过对比，他发现价格差异很大，同时价格较便宜的店铺销量也非常惊人，同款型号的电子词典，价格差距在20元至50元。因此，他就按照一些店铺同款产品上架，如果有顾客购买他的商品，他就用另一个账号寻找一家价格更低的店铺代发，从中赚取差价。随着市场的价格竞争以及销量的增多，通过各种渠道，他联系上了某品牌产品的一个省代理商，经过洽谈，他帮代理商完成一定的销售额，以此获取提成。2009年，他收获了人生的第一桶金20万元。

从没有资金、没有货源，到有了货源、有了一部分资金，紧接着，店铺发展的瓶颈出现了，那就是不够专业、没有团队。如果想做大、做强，他知道缺少的东西太多，现在不适合企业化运作。就这样，为了丰富以后创业的经验，他进入了一家上市公司旗下的一家商贸公司，从事销售工作。通过四年多的市场销售，他积累了一些经验。这段时间，他的个人网店并没有关闭，而是聘用了2名客服来打理。2013年年初，他感觉时机成熟了，便辞去了之前的那份稳定的工作，选择了再次创业，先后成立了2家网络公司。从公司成立开始，经营的产品在一步一步丰富，销售额从月十万元到今天月百万元。对于刚起步的小公司来说，招人难、留人难，所以，团队也是一天天壮大起来的。市场的竞争很残酷，他意识到公司发展的方向需要改变，之前一直是代理一些品牌产品，在淘宝、天猫等网络平台销售。在2014年年底，他们有了自己的品牌——金禧康，品牌归类为个人护理按摩器材。之所以选择这个行业，是因为他意识到人们生活水平在不断提高，个人健康、生活品质越来越被重视。他们创立品牌的宗旨，就是要提供高科技产品，让人们享有更健康、更有品质的生活。目前，与他们合作的实力厂家有3家，预计8月中旬，他们的几款金禧康产品就可以上市。

刘先磊说，到现在，经历了6年的电商生涯，谈不上有很多的经验，现分享如下几点：

第一，不要轻易尝试。创业期间，诱惑很多。对不熟悉的行业市场，盲目尝试，那样结果只有一个，就是失败。也许别人做得很成功，但是你不一定。

第二，团队的建立。选人，不一定能力强的人就很合适，也不一定能力一般的人就不合适。一方面看能力，另一方面更要看他的价值观与你的是否一致。

第三，合作伙伴的选择。选择优秀的合作伙伴，会给你带来更多的商机和学习机会。

杜　磊

安徽建筑大学

杜磊，男，1990年生，2015年毕业于安徽建筑大学给排水科学与工程专业，现为合肥创客餐饮管理有限公司执行董事。

合肥创客餐饮管理有限公司注册于2015年4月，公司在合肥市庐阳区，注册资金100万元。公司经营范围有餐饮管理、餐饮策划、咨询及投资等。公司主营品牌有“小知青外卖”连锁、“莫小白”料理包，现阶段主要经营市场为高校市场。他们在创业的过程中不仅带来了利润，同时为毕业大学生提供了工作岗位，也带动了在校大学生的创业热情，给予他们创业的体验。2014年9月初安徽建筑大学店正式开业，投资金额2万余元，经营状态良好，大概在两个月左右回本。2015年2月初，他们采用众筹的模式鼓励在校大学生加入他们的创业，成立了合肥学院店。2015年3月中旬合肥学院店正式营业，投资金额3万余元，后续经营状况良好，一个学期营业额15万余元。2015年5月，杜磊与安徽微美餐饮管理有限公司合作，合建中央厨房一座，投入金额为10万元。

公司的经营模式为中央厨房+冷链配送+配送点+线上订餐+线下配送，具体的营销活动结合不同店的实际情况开展，年营业额约40万元。谈及创业的初衷，要追溯到杜磊的初中时代。一时的叛逆让他决定创业做老板、终不回头做员工。伴随着时间的流逝，创业的梦就要落到实处。大学是一个跳板，而他就在这里起跳了。

在一段时间的筹备后，2014年9月18日“小知青外卖”诞生了，并开始正式运营。他们是一群大学生，他们都有着自己的创业梦想。他们以此为出发点，开始了自己的创业之路。杜磊说：“这一路走来，有人走，有人留，不管最后是什么样子，我都感谢曾经、现在、未来一起奋斗过的每个人。团队的经营、合伙人关系的处理是创业阶段最难的事，我需要把自己的尊严放下，只为了气氛可以更加融洽。”杜磊说他不是一个称职的画大饼的人。后来他觉得他要做一个称职的舵手，哪怕风雨再大，都要坚持方向。

王　辉

安徽建筑大学

王辉，男，1993年生，安徽建筑大学2012级视觉传达专业本科生。曾荣获安徽建筑大学第六届大学生职业规划设计暨创业大赛创业组一等奖，第八届安徽省大学生职业生涯规划设计大赛暨大学生创业大赛“创业之星”称号（铜奖），第五届安徽省百所高校百万大学生科普创意创新大赛三等奖。

在创业初期，王辉就给自己提了两个问题：怎么创业呢？从什么方向开始呢？他立刻想到了与自己所学的专业相结合。因为目前合肥的中小型企业非常多，大多数企业都需要广告设计和宣传的照片，以及每年的年会都需要摄影和摄像。而目前合肥大的设计和摄影公司受限于人才和办公营运的成本，导致市场价格偏高。但对于他一个想要创业的大学生来说，这可是一个机遇。

因此他就针对市场的需求寻找了几位合作伙伴，进而有针对性地寻找潜在的客户。最初合作的时候，王辉用低价格和真诚的服务来吸引客户选择他们进行尝试性合作，之后用质量来慢慢征服客户，从而提高他们服务的价格和业务数量。由于他们对成本的精确把控和对本行业的专业程度，从各方面都证明了他们思路的优越性和可实践性。

但在实际的经营过程中，总会有很多突发的状况影响到他们与客户之间的合作。例如他们接的业务大多数是传媒公司给的二手业务，所以在合同结束以后存在很长时间的尾款滞留期，但是为了保障下一次的继续合作，就不会刻意去追款。中小型企业操作的不规范性，也常常制约工作室业务的发展，成为一种难以避免的障碍。这时候就要靠信任，找准相互信任的合作伙伴，不断地完善合同，才能有效地避免该类问题的发生。

王辉时常告诫自己：不管做企业也好，做艺术也好，一定要有诚信意识，唯有这样才能够建立起长期的品牌效应。此外，一定要有技术，因为技术才是一个企业发展的核心动力，才是最好的竞争力。因此不断地提升企业的技术水平和不断地加强创新，是一个企业发展源源不断的动力，也是工作室顺利地长期发展下去的保障。

张　鹏

安徽建筑大学

张鹏，男，1987年生，2010年毕业于安徽建筑大学艺术设计专业。2008年荣获安徽省第三届“挑战杯”大学生创业大赛优秀奖，2009年荣获安徽省“三下乡”先进个人称号，2010年荣获安徽省优秀毕业生称号，2011年荣获安徽省首届科技创新创业大赛三等奖。

合肥火种网络科技有限公司于2013年10月成立，创始团队队员为3人，起步投资金额20万元，公司集微信公众平台开发、定制、培训、运营及微信大数据分析为一体，监测安徽9 954家微信公众平台数据；代理了国内最大的微信公众平台——微盟，产品服务新华社安徽分社、安徽交通广播、新安晚报、真心食品、美林美妆化妆品、龙禧传媒、赖茅酒、文王贡酒、科大讯飞、富煌集团等一线品牌300多家。2015年4月成为微盟合肥总代理，团队现有员工30多人。

随着微信在2012年8月23日推出微信公众平台，张鹏负责的教育机构第一时间推出微信公众平台，并成为国内第一家成为微信认证的教育机构。当他错过了百度、淘宝、微博等互联网的红利期时，终于等到了新的一波移动互联网的机会，并全身心投入移动互联网的浪潮中。

团队创业初期还是比较艰难的，2013年基本只能达到亏盈平衡，连基本的工资都没法保障，一直坚持到2014年的7月才真正地好转。他们多少次想过放弃，多少次有人怀疑他们能否走下去。他们的唯一选择就是坚持，只有坚持才能看到希望，只有坚持才能挺过难关。

他们刚刚创业的时候很迷恋社会关系网，感觉有那么多朋友应该可以把他们的业务做得不错。到后来才发现，客户选择产品时最关注的不是关系，而是产品本身和产品带来的效果。于是，他们慢慢地静下心来把产品研究透，用心去服务客户，客户自然会给他们带来更多的新客户。

没有好的销售团队，作为一个互联网产品销售公司，转型的时候相当艰难，不过幸好微信的产品并不是以产品销售为主，而是以产品解决方案为主。因此他们是有优势的，而打价格战的公司最终都走向了消亡。

张鹏总结说："通过几年的创业，选择创业方向比较重要。选择好方向后，核心成员的担当比较重要，不管是什么行业出身，只要从产品的广、深、高、速上入手，并沉下心来做，都能做得好。"

汪　东

蚌埠医学院

汪东，男，1990年生，2015年毕业于蚌埠医学院精神医学专业。

汪东主要从事电子商务，在淘宝平台上销售收银台。前期，他在苏州联系了多个收银台生产厂家并建立了合作关系，在苏州通过淘宝进行网络销售来盈利。平均每天能卖出去5套（淡季）收银台，一套900元左右，日销售额约4 500元，月销售额10多万元，年销售额100多万元。汪东计划在安徽合肥市创办收银台生产厂，销售目标是月销售500台（根据苏州收银台生产企业销售情况保守估计），团队人数在20人左右。

2014年的时候汪东有幸接触到了电子商务。那时候他的家人开了一个网店，销量和利润都很可观，他挺心动的，感觉在网上开个店，既可以养活自己，同时又可以照顾家人。很快他也开了一个网店，前两个月没什么生意，后来在他自己的努力经营下有了起色。从最开始的每天卖一件货到每天卖五件货，他尝到了甜头，更重要的是让他感觉到自己能为别人做事，而且有能力为别人服务，也算是自我价值的一种实现吧。

实习结束以后，汪东来到了苏州。刚来苏州创业时真的很难。第一，竞争更激烈了。网上卖收银台的店家数量一年翻了五倍左右。店家多了市场就很乱，价格被压得很低，很不好卖。第二，刚来苏州时，在硬件上差很多。他没有发货的车，没有存货的仓库，物流公司在哪都不知道，不会包装货物，也没有自己的宽带，每天都去蹭别人的网，借别人的车。

虽然很艰难，但他一直坚持着，每天守着电脑，不断地看自己的店铺和同行的店铺，总结自己的不足。就这样生意有了起色，营业额从每天不足500元到后来每天5 000元左右。他雇了一名员工，后来又开了四家店铺。现在一切都算平稳。

对于这个行业汪东有自己的一些看法。现在同行多了，价格被压得很低，价格低了其实对买家和厂家都没好处。对于买家来说，价格低用的材料就差，做工就粗糙，整体质量就低；对于厂家来说，利润很低，工人工资就低，工作条件也差。这样这个行业就会进入恶性循环，整个行业都会被淘汰。大家没必要打价格战，应该把精力放在产品的创新上，放在质量上。大家一起去维护这个行业的秩序，共同拓展市场，受益的是大家。现在汪东在合肥租了厂房，准备自己生产，他有自己的思路和想法，他想把真正优质的产品带给买家，做一些有价值的事。他希望自己能带来正能量，虽然路很艰难，但是他在不断地努力。他相信自己能行，相信社会的辨别力，也相信他做的事是对的。

齐宜维

皖南医学院

齐宜维，女，1994年生，皖南医学院2012级护理学专业本科生。2013—2014年度荣获“昆山花桥杯”第八届安徽省大学生职业规划设计大赛暨大学生创业大赛创业之星（银奖）。

飞航国旅服务站团队组建于2013年10月，门店成立于2015年5月。其前身是校园服务中心，是由4名2012级护理学院学生创立的，依托飞航国际旅行社有限公司，采用传统、网络、与其他单位合作等多种方式，进行线上线下相结合的渠道营销。借助皖南医学院大学生创业孵化基地和政策支持，在校园内开设了飞航国旅服务站，紧紧抓住了大学校园市场，同时通过线上销售开拓其他市场。目前经营范围以旅游项目为核心，包括景点票务代售等多方面业务。团队志愿集资约10万元，前期投资于门面装修、办公桌椅、电脑设备、前期宣传等。凭借贴心的服务理念及优惠的价格，得到广大消费者的认可，现年营业额在20万元左右。

团队对于校园综合类服务平台的前景和校园市场很是看好，现实中，他们的校园小广告满天飞，混乱不堪的中介市场，没有任何保障，广大学生也很难获得及时、便捷、准确的综合性信息服务。另外，市场上各种咨询服务公司大多只提供单一的服务项目，而在校大学生具有消费能力强、追求时尚、对个人娱乐有更高要求的特点，这些咨询服务公司远远不能满足在校大学生的需求。高校师生不同于一般消费者，他们长时间居住在校园里，很多时候他们所需要的服务很难在学校获得。所以，齐宜维和伙伴们的想法就是急需建立一个专业的一站式服务平台。

据调查，芜湖高校现有在校学生10余万人，且大都集中在高教园区，学生对上述服务存在一定的需求，这有利于资源整合，也给他们提供了广大的市场。

2014年，他们开始探索和其他学校的学生合作，开设校园服务中心，齐宜维负责市场推广和销售。2015年团队中的一名队员余宏伟和飞航国际旅行社有限公司建立了合作，被聘为芜湖飞航国际旅行社有限公司高教园区营业部经理。借助飞航国际旅行社有限公司的资质和平台，他们以子公司的身份，开始进行旅游产品销售。

芜湖市现有方特欢乐世界、丫山花海等丰富的旅游资源，加上飞航推出的多条精品线路，能够满足消费者的需求。他们的眼光不再局限于高教园区，重新定位为将小点做精，业务也转变为以旅游为核心，如与景区对接、票务代售和线路推广等。

在国家政策的扶持和皖南医学院领导与老师的大力支持下，2015年，他们在大学生创业孵化基地选址，第一家实体店就设在皖南医学院滨江校区大学生活动中心二楼，从此他们有了自己的实体店。

联盟商家，锁定消费终端，打通消费通路，最大化地实现信息和实物以及服务之间、线上和线下之间、实体店与实体店之间的无缝衔接，创建一个全新的、共赢的商业模式是他们思考和努力的方向，也是“互联网+”时代的大势所趋。

实体店飞航服务站主要服务对象是皖南医学院全校师生，然而后期拓展业务不能只靠实体店。一方面实体店不灵活，成本较高；另一方面想要拓宽市场，必须走出校园，跳出传统市场的局限，拓宽销售渠道。目前飞航服务站已经寻求了40多个代售点，比如报刊亭、复印店等。他们与这些代售点建立合作，贴上自己的二维码和宣传资料，客户可以通过扫二维码进入链接，了解他们的产品。他们所有的旅游产品都放在“货架”上，可任意分享。

随着“互联网+”时代的到来、智能手机的普及，网络直营是趋势，他们必须跟上潮流，抓住时机，抢占市场。他们借鉴了安利直销和微商相结合的模式，通过一些主流的社交软件发布广告和二维码，借助主流媒体的影响力扩大市场。目前，他们正在筹备淘宝店铺……

胡敬义

阜阳师范学院

胡敬义，男，1988年生，2012年毕业于阜阳师范学院艺术设计专业。2013年7月，胡敬义的个人创业事迹刊登在安徽唯一重点新闻门户网站；2013年8月，胡敬义参加阜阳青年创业大赛，并成功晋级安徽省赛区；2014年2月，胡敬义荣获阜阳师范学院大学生2013年度“创业之星”荣誉称号。

胡敬义是上恒传媒（阜阳上恒文化传媒有限公司）总经理，他的上恒传媒是传统户外广告媒体代理设计发布、传媒视频代理制作、品牌策划宣传、网站设计制作及人力兼职资源咨询服务的专业文化传媒公司。2011年，他被评为“阜阳十大青年创业新锐”“优秀共产党员创业者”。

阜阳上恒文化传媒有限公司成立于2009年10月，其前身为上恒设计工作室，现注册资金50万元。上恒传媒立足于阜阳高职院校，从创立至今始终坚持以传播中国文化精髓为设计理念，以推广皖北高校公益事业为导向，以高校校园新媒体为公司平台。胡敬义想通过校园新媒体宣传一系列的公益广告和其他校园活动，让更多的大学生积极关注校园公益。上恒传媒作为阜阳师范学院大学生自主创业的公司，胡敬义希望将上恒打造成为安徽领先的高校校园文化传播公司，将校园文化传播到校园的每个角落。2011年上恒传媒获批“阜阳临沂商城大学生创业会员”单位，2012年获批阜阳师范学院美术学院“创业与设计实习基地”。

胡敬义一直坚持以创业带动更多大学生实习、就业，想通过上恒这个平台为社会培养更多的优秀人才。他希望通过各种校园公益广告和校园策划活动打造出一场精神文化盛宴，让在校大学生在精神上得到升华。作为阜阳师范学院毕业的学生，在自主创业的路上，他得到了校领导、美术学院领导和老师的亲切关怀和支持。

胡敬义说："在创业的路上，上恒一直不'孤单'，母校温暖关怀常在心间，是母校培养了我们上恒。"公司从创立至今，他一直坚持通过各种渠道、平台推广校园公益广告，在保持公司正常盈利运营的情况下，他参加了许多校园公益广告的宣传讲座和大学生创业事迹报告会。2015年，他还在上恒公司内部成立了校园公益广告义务宣传部，内容有"光盘行动""节约用水""交通安全宣传"等，旨在让更多的大学生系统地、有效地了解校园公益广告，积极参与校园公益。

"公司竞争如隔空对弈，一招落错而满盘皆输。无论是短期目标的实现，还是长远规划的落实，若没有抓住发展趋势，发展就成为了空谈。"胡敬义说道。

上恒多次与其他公司、集团合作，并建立了持久的商业伙伴关系。这些老客户在给上恒带来业务的同时为上恒带来了许多新客户。客户是公司发展的重要资源，只有客户百分之百的满意，公司才有更大的发展空间。

在员工的管理方面，胡敬义有自己的认识。上恒文化传媒有限公司与阜阳师范学院美术学院合作建立"创业设计实习基地"就是一个典型事例。"创业设计实习基地"的建立，让在校大学生能更快地接触到实际工作，也为上恒引进大批的优秀人才奠定了良好的基础。

上恒有一种机制，就是会选择性地将一些优秀的员工推荐到更优秀的企业，为员工寻找更广阔的施展平台。胡敬义说："他们在为上恒做事、成就上恒的同时，上恒也会照顾到他们的。"员工以这样的方式离开，在无形中为公司积累了丰富的人脉。

"上既行，恒亦远。"胡敬义将上恒定位于阜阳高校"高雅文化传播者"和"广告传媒策划者"双重角色，他说："上恒是以服务安徽省大学校园文化传播为前提，以弘扬中国传统文化经典为理念的。"今天，上恒传媒作为阜阳师范学院大学生自主创业的公司，在胡敬义和他的创业团队共同努力下，继续秉承稳扎稳打的工作作风，扎根于皖北高校文化沃土，脚踏实地、稳步向前。

沈永根

安庆师范学院

沈永根，男，1988年生，2014年毕业于安庆师范学院移动互联网营销服务专业。2012年，荣获“挑战杯”安徽省大学生创业计划竞赛铜奖。

安庆海纳信息技术有限公司是一家集信息技术开发及运营、网络平台开发及营销策划、企业营销策划及执行为一体的网销方案提供商。海纳公司坐落于安庆市科技创新氛围浓厚的科技创业园内，始终坚持“海纳百川、以微见著、相伴成长、创新共赢”的经营理念，致力于为企事业单位搭建和升级新型公众服务平台，实现企业线上、线下的互动营销，进而提升企事业单位的知名度和经济效益。

2014年移动互联网迅猛发展的气息从一二线城市向三四线城市蔓延，在所有手机端的应用软件中最火的莫过于微信。从了解到商机、查阅资料、实地考察到最终的项目落地，只有一个星期的时间。带着一股冲劲和自信，沈永根和伙伴辞去了银行的工作，开始投入紧张的创业当中。

一边是准备办公场地、办理各种证件，另一边是印名片、跑市场。真的是开公司容易、经营公司难，在整整一个月的市场拓展中，没有成交，没有收入。偶尔沈永根的大脑里会闪现出疑问：选择这条路是不是真的正确？市场是不是真像自己预计的那样好？短暂质疑后，更多的还是信念带来的动力：既然选择了，就往前走，不给自己留后路，就一定会有出路！终于在第二个月月初开单了，当甲乙双方的姓名和公章跃然纸上的时候，当一沓项目经费经过验钞机刷刷响的时候，当第一个平台在他们的共同努力下交接给客户的时候，所有的坚持和努力都有了价值。

作为还未毕业的大学生自主创业，路上自然会遇到很多困难和挑战。其一，他们缺乏社会阅历和经验，待人处事的方式和方法都不够健全。经常会因为在谈判时忍受不了客户的刁难以及临时想不到应对措词和方法，而导致谈判失败。其二，对于企业内部管理，随着员工越来越多，“90后”的创业团队，他们不得不思考用什么样的方式去和员工相处。他们面对过最大的损失不是市场开拓受挫，而是老员工的离职，新企业如果不能有老员工沉淀下来是很难发展壮大的。其三，对于公司未来发展的方向，他们一直在思索，在微信营销服务这条路上能衍生出来很多条路子，机会稍纵即逝，是等到条件成熟些再加入新的业务，还是果断抉择去拓宽产品和服务线，企业这条船到底如何掌舵，这是对他们最大的挑战。

互联网企业最大的特征就是变化，唯一不变的也是变化，这意味着他们必须在变化中突破。他们的第一次变化是从28平方米的小房间搬到80平方米的办公场地，从封闭到明亮，燃起了他们对未来的希望。第二次变化是从3个人的散兵扩大到7个人的小团队，从游击战到组团作战，团队的力量在一群年轻人的斗志中爆发开来。第三次变化是从微信业务扩展至其他产品线，从纵向的单一产品到横向的资源整合，移动互联网的巨大潜力被一点点挖掘出来。还有很多很多的变化……他们在经历，也在改变！

值得庆幸的是，他们每一次面对瓶颈和突破，都有很多人的帮助和支持。从黄梅戏艺术中心到中石油安庆分公司、从安庆市纺织医院到安庆师范学院、从西湖小院到巴江毛肚火锅……一年的时间，从零到一，从一再到百，在用心沟通中诞生了一次次合作。

从事移动互联网工作一年多，他们总结说，移动互联网最大的精髓是开放和互动。不管在哪，想把移动电商服务做好，就必须拿出开放合作、携手共赢的态度。面对商户，必须要深入了解其所处行业以及现在的经营情况，把商户的优势挖掘出来，分析商户现在遇到的问题，为商户提供合适的行业解决方案。面对商户的顾客，必须要思考他们对商户比较关注的消费因素——消费环境、产品实效、服务体验、营销触点等，在解决方案里为客户提供实惠。面对移动互联网的受众群体，需要考虑的是现在的网民都是用碎片化时间在线上快速浏览着大量信息，那就要求我们以更直观的效果、更有价值的内容进行推送。

单海翔

安徽科技学院

单海翔，男，1990年生，2013年毕业于安徽科技学院机电技术教育专业。2014年，项目“驰瑞纵横智能车开发与设计”荣获江苏省首批大学生优秀创新项目称号。

常州嵌科电子科技有限公司是一家以开发销售教育机器人为主营业务的科技公司，分为驰瑞纵横项目部和其他业务项目部。驰瑞纵横智能车业务是为大学生飞思卡尔杯智能车竞赛做配套服务，开发销售智能车所需要的多功能连接件、芯片系统板等产品，该项目已占市场20%左右份额。其他业务主要有为中小学创客教育提供Arduino智能小车，该小车采用图形化编程，十分方便在中小学环境中使用。公司由单海翔、李椅刚一起创办，项目至今总投资约50万元，公司产品主要通过淘宝、天猫以及新出现的众筹来推广销售，2014年，公司累计年销售额24余万元。

刚入大学的单海翔，和其他同学一样，甚至某些方面还不如其他同学，他不爱讲话，但是业余时间，他一直在学校的图书馆，如痴如醉地阅读各种书籍，特别之处早已在他身上体现出来。高中阶段，当其同学都千军万马过独木桥时，单海翔在紧张的高考复习时间里，自学机械制图，尝试撰写专利申请书，后申请并获得“推拉衣架”专利（专利号200920049525.9）。

进入大学，他听讲母校有位苗娟学姐扎根小岗村创业，这时候，一颗不安分的心开始澎湃。大学第二年，他和他的朋友们开始了校园创业的尝试，开始了不一样的大学生活，他们成立精彩定格DIY工作室，主要为同学们提供校园印象纪念品，主要是毕业纪念册、文化衫等。创业初尝试，得到同学们的肯定，也一下子让他们尝到甜头，在完成大学基本学业的同时，他们的创业路走得越来越远。2013年1月，单海翔和他的伙伴们参加中国就业促进会组织举办的全国首届创业专项竞赛，获得百强项目奖。

一切看上去、听上去都挺美好的，但既然是创业，肯定不会一帆风顺，特别是校园创业，更常常经受各种冲击。单海翔籍贯江苏盐城，所上大学是安徽科技学院，学校地处安徽凤阳，客观来看，单海翔是一位远道而来求学的外地学子，这从单海翔说话的口音就能感受到。大二开始创业，定位是校园印象纪念品，但是，校园印象纪念品有市场淡旺季，在淡季的时候，为了团队发展，单海翔和他的团队更倾向于到校外市场去寻找业务。在校外市场，为了谈好业务，单海翔比社会同行提供更高的效率、更长的账期等，计划很美好，但是现实的残酷给了单海翔当头一棒。2013年，单海翔大四，这一年6月，不少社会客户看到他临近毕业，总是试探甚至打破原则底限，不及时结算账款。就在这样残酷的现实里面，单海翔坚持到2013年下半年。看着那么多应收账款，初涉市场的单海翔没有太多经验，他感到很失落。在这个时候，单海翔从长计议，项目应收账款能收多少是多少，项目转移给同校学弟，接受教训，盘点资金，重新开始新的发展。

新的创业项目，单海翔更谨慎，更多地考虑了核心竞争力，更多地考虑了怎么尽快进入项目稳定期。为此，他结合自身专业以及爱好，转型做教育机器人的开发与销售。优秀的人，到哪都能发光发热。由于大学期间多次参加智能车、机器人等高校科技竞赛，在此类竞赛中，单海翔发现不少同学都有巧妇难为无米之炊的现象，大家都购买不到合适的材料来做自己的创意。针对此情况，单海翔联合现在的合伙人，一起开发了智能车的相关产品，这些产品环环相扣，很受同学们欢迎，为此常州电视台2015年3月以创客为主题采访了单海翔团队。新的创业项目，单海翔全方位着手，到目前为止，申请专利7项，申请商标1项，定位于以开发销售教育机器人为主营业务的科技公司。

谈到经验，单海翔坦言，顺着时代走，做符合潮流的事情，现在人们已经基本解决温饱问题，更注重精神，更注重下一代教育，教育机器人作为重要的教学展教品，自然有广阔的市场。同时，当代是互联网的时代，是电子商务的时代，单海翔团队的教育机器人主要通过电商渠道销售出去，自然也是符合潮流的。单海翔团队不是最聪明的团队，但是是最努力的团队，现在正站在风口，争取飞起来。

段昌强

安徽科技学院

段昌强，男，2014年毕业于安徽科技学院公共事业管理专业。2012年，荣获安徽科技学院人文学院职业规划大赛二等奖、动物科学学院创业大赛优秀奖；2012年荣获安徽科技学院“科研创新奖”；2015年，荣获浙江省“德清县青年创客大赛”三等奖。

2011年7月，在与其他高校积极准备创业或创业已成功的大学生有了思想碰撞后，渐渐萌生出创业的想法。2012年下半年组建自己的创业团队，并经过不断完善成功入驻大学生创业园，成立中都学友工作室。

2014年4月，段昌强与他的团队成立了德清友农生态农业有限公司，是一家集农产品生产、互联网销售及农业技术指导为一体的现代农业企业。公司以合作社的形式经营管理，以生态健康为宗旨，以农业产业化技术开发为核心，以农民利益为出发点，以合作经营为着力点，公司采用传统农业+智能化技术+互联网销售的生态链。现自主拥有生态农业实验田129.59亩，前期总投资72万元。目前，本公司积极发展生态水产、生态农场、农业物流等具体项目，致力于促进农业产业化、科技化。德清友农生态农业有限公司旨在改善农村的生活方式，将智能化新产品和新时代互联网的优势结合传统农村的生产力，促进农业生产力大解放，改善农村人生活方式。主要产品：青虾、土鸡蛋、土鸡、变蛋等。营销方式：线下免费配送、限时促销、线上网店。

虽然他没有选择家庭的权利，却有选择个人道路的机会；虽然贫穷，但他并不自怜，因为未来要靠自己的双手把握。也许他的成长环境让他与先锋的时代稍有脱节，但他依然积极地对待学习和生活中的一切，积极参加学校举办的实践活动。段冒强曾参加大学生青马工程培训班，赴小岗村参加暑假社会实践活动，参与筹建KAB创业俱乐部并担任办公室主任，创立大学生影视协会并担任协会会长，通过自己的积极努力，他得到同学们的认可和老师的肯定。大学生活是一段艰难的征程，在他不断地探索和实践中，终于找到了自己的方向，不断拼搏着，努力着，活出自己，活出价值。

一路走来，坎坎坷坷，有过痛苦，但更多的是充实。未来的路很长，段冒强相信贫困和苦难的状态不会是他的永久标签，即使面对着不公命运，心灵也要绽放鲜艳的色彩。他会用自立自强来面对未来人生路上的各种挑战，他相信超越梦想，一定会攀越到人生的巅峰！

创业以来，从起始的迷茫到有目标、有方向，他们的团队在进步，也在成长，虽然道路泥泞，但他们从未丢失自己的初衷和目标。他们一起走过狂风暴雨、一起顶着炎炎烈日在塘口劳作。为了资金、为了公司注册，他们不曾停止奔波，他们的任务就是每天想着如何完善资料。最后在当地政府的支持下，他们顺利地完成了各项材料的审批，他们有了自己的名字——友农人。在体力和精神的双重压力下，他们没有抱怨，这是他们的选择，他们必须坚持，必须克服重重困难。哪怕没有条件他们也要去创造条件完成他们的任务，这就是他们——友农人。

潘显兵

安徽科技学院

潘显兵，男，1990年生，2014年毕业于安徽科技学院农学专业。2011年荣获“昆山花桥杯”第七届安徽省大学生创业大赛暨大学生职业规划设计大赛（创业组）金奖；2012年荣获第六届诺基亚全国青年创意创业计划大赛金奖；2013年荣获第三届中国杭州大学生创业大赛百强项目；2014年荣获中国大学生自强之星荣誉称号；2014年荣获“创青春·中国联通”安徽省大学生创业大赛银奖、开博榜全国创业先锋50强、“邮储银行杯”2014年中国青年涉农产业创业创富大赛安徽赛区优胜奖。

新生态特种养殖专业合作社是经安徽省林业厅、金安区林业局批准的合法经营企业，公司拥有安徽省野生动物驯养繁殖许可证、安徽省野生动物或其产品经营许可证等资质证件，并在金安区工商局注册。主要经营大雁、野鸭等特种禽类养殖，现有大雁2 000只，野鸭1 500只，2014年销售净利润达40万元。合作社位于安徽省六安市金安区施桥镇七十铺村，占地面积70余亩。

“蝗虫俗称蚱蜢，虽然是庄稼作物的杀手，但是作为食用昆虫，它的营养价值很高……”这是2012年4月一堂介绍昆虫的课，让潘显兵对蝗虫产生了浓厚的兴趣，难道蝗虫还能吃吗？善于学习的他，通过网络了解了一些食用蝗虫的信息，经过认真分析，发现蝗虫的药用价值和营养价值都很高，不仅人可以吃，而且还可以做动植物饲料的添加剂。他认为蝗虫作为餐桌菜品具有很大的潜在市场。此后，他在学习之余，便开始仔细阅读有关蝗虫的养殖书籍，精心钻研养殖技术。同时，他开始思考如何实现蝗虫养殖的实体化、创业资金从何而来、如何打开销售渠道等一系列问题。那时，创业的种子就已深埋在潘显兵的心里，生根发芽。

然而潘显兵的创业之路并不是一帆风顺的。就在他把自己打算养殖蝗虫的想法告诉父母时，父亲说："我只听说养鸡养鹅的，没有听说哪个养蝗虫的。"而且也在他老家的邻居中引起了不小的反响，"这孩子，好不容易读个大学，干啥不好，干吗还回来养蝗虫?"即使邻居质疑、父亲极力反对，他依然对养殖蝗虫的未来充满信心。想好了就付诸实践并为之努力，这是潘显兵一贯的做事态度。炎热的夏天，他怀揣着对创业的执着追求，背上行囊，不畏酷暑亲赴山东考察学习蝗虫养殖技术。实地学习了3周之后，他已经掌握了蝗虫卵的孵化、后期养殖、捕捉、加工、运输、销售等知识。带着自己调研得到的第一手翔实资料，他踏上了返程之旅，自信满满地构想着蝗虫养殖的宏伟蓝图。

考察结束，潘显兵就向父母表明心意，用走访调查的数据把蝗虫养殖的可行性和大好前景向父母娓娓道来。之后，潘显兵同父亲再次赴山东进行了考察，在他的坚持和理性的规划下，父母最终同意了他的决定。

回到家里，他结合家乡的自然条件及土地使用情况，租用了砖窑厂的一块30亩废弃土地作为养殖基地。他开始搭建养殖棚、采购纱网等，开启创业之路，到2012年年底养殖基地已筹建完成。

然而，天有不测风云，2013年正月初九不期而遇的暴雪，对养殖棚造成了严重威胁。厚厚的积雪，压弯了大棚的脊梁，为了减少损失，父亲和他在雪夜里忙碌了起来，父子俩冒着风雪开始加固养殖棚架，雪还在下着，他们的双手已被冻得通红，失去了知觉。当第二天的太阳升起的时候，14个养殖大棚均已被加固完毕，父子俩露出了笑容。父亲对疲惫的儿子说："决心已有，坚持才是最大的动力。"潘显兵知道这就是父亲对他最有力的支持和肯定。

2013年3月，他已经与山东一家蝗虫企业签订合同，采购一批虫卵，结合自己所学专业知识，开始了自己的蝗虫养殖业。在蝗虫养殖效益良好的情况下，2014年年初，还未毕业的潘显兵看好大雁养殖项目，几经调研后利用蝗虫养殖积累的第一桶金，投资大雁养殖，并在家乡成立了"六安市金安区新生态特种养殖专业合作社"。合作社采用循环生态养殖系统：玉米种植—蝗虫养殖—鸿雁养殖—家鱼养殖，即利用玉米及其秸秆喂养蝗虫与鸿雁，用蝗虫和鸿雁的粪便养殖家鱼。同时，合作社采取“公司+农户”的合作模式，毫无保留地将自己掌握的关于大雁养殖的知识传授给当地农户，带领当地农民走上致富之路。为扩大销售市场，合作社已与黑龙江、江西、江苏等地养殖户建立了统一的销售平台。

潘显兵的养殖基地是利用农村废弃土地来拓展农业生产，当被问及为什么会选择在废弃土地上建养殖基地时，潘显兵说：“党中央在十八大中提出要‘建设美丽中国’，而今年又提出了‘大众创业、万众创新’的口号，作为一名农科学子我有责任去为农村的发展致富贡献力量。”

潘显兵脚踏实地，一步一步坚定地走在创业的路上，不断学习，为更好的明天储备力量，为回报社会做好准备。他正用汗水浇灌着梦想，用吃苦装点着自己的青春，奔跑在创业之路上。

乔恩美

安徽科技学院

乔恩美，男，1989年生，2014年毕业于安徽科技学院动物医学专业，硕士研究生。2013年荣获全国首届研究生国家奖学金，2011年荣获安徽科技学院科研创新一等奖学金。

2014年创办安徽博美特生物科技有限公司，注册资金100万元，是一家集研发、生产、销售、技术咨询、技术服务于一体的生物技术企业。公司位于蚌埠龙子湖区大学城内，业务起步于2014年8月，公司创始人积极响应政府“大众创业、万众创新”的号召，聚集了一群专业素养高、志趣高昂的大学毕业生及在校生。现有员工6人，以硕士研究生为带头人，本科生为中坚力量，在公司一年的发展中，业务持续扩展、营业额逐月攀升，形成了良好的势头。公司以技术传承、技术创新、客户至上、创造价值为己任，致力于成为杰出的生物实验室技术服务与试验材料供应商。

公司以组织学技术咨询与服务为公司业务支撑，主要向医学、农学、生物学相关领域提供动植物组织石蜡切片、冰冻切片的制作，常规染色和多种特殊染色，酶标免疫组织化学、荧光免疫组织化学、原位杂交、细胞荧光等技术咨询与服务，同时，公司业务还涉及分子生物学、生物化学、免疫学、细胞生物学、作物学、微生物学、药理毒理学等学科实验室仪器、试剂、耗材和实验室辅助用品的销售，生物领域多学科综合性实验技术服务，等等。

公司专注于生物领域的前沿进展并斥资建立起自己独立的实验室，已与江西农业大学动物生物技术国家重点实验室、农业部转基因动物及饲料安全监督检验测试中心（北京）、中国农业科学院北京畜牧兽医研究所、山西省农业科学院小麦研究所、江苏科技学校、苏州大学、安徽科技学院、蚌埠医学院、蚌埠学院等科研机构和高校建立起业务往来。公司注重知识产权，公司技术人员在功能性饲料添加剂开发、神经元镀银染色、血液吉姆萨染色等方面拥有数项国家发明专利。

公司业务的发展得到了政府政策的支持和安徽科技学院各级领导深入细致的关心和指导。一年来，在公司员工斗志昂扬的奋发努力下，公司业务和规模不断扩展，技术服务水平不断提升，第一年年销售额突破70万元，并持续走高。我们相信，有政府政策支持和母校领导对创业学子的指导，安徽博美特生物科技有限公司将愈发盎然生机。

梦想的蠢蠢欲动。2012年乔恩美作为客座研究生到中国农业科学院北京畜牧兽医研究所学习，这让他第一次近距离接触到了科研试剂公司。在畜牧所六层楼的实验室周围分布着大大小小四家试剂公司，他们的办公室或在居民房，或在建筑工地的泡沫板房。同时，在畜牧所大院子里还有中国种子信息网、笑果科技公司等几家企业，其中笑果科技就是在红砖瓦房里创办，只不过把门面装饰了一下。读万卷书，行万里路，这些所见所闻让他感觉到，创办公司其实没以前印象中那么难、那么遥不可及，因此他萌生了要自己创业的念头，而且经过两年的思考，这种念头愈发强烈。

梦想的抉择。学习最快的最有效的方法是模仿，但他分析了形势后发现，试剂公司虽然起步较简单、上手较快、运营成本较低，市场准入门槛不高，有学历、懂专业、有资本就可以运作，但最重要的是，受生产商和代理商政策的影响，现在很多产品都在做直销，这必将使代理这个渠道饱受辛苦。分析形势后，他坚定认为，必须要有自己的产品和技术，这样才能长久发展，才能自己掌握自己的命运。他从本科一年级就开始接触并跟随他的导师学习病理组织切片和各种染色。他投入了大量的精力和时间学习组织切片技术，期间有无数的辛劳和无奈。但值得庆幸的是，他掌握了组织学的基本方法和原理，能够独立开展相关实验和研究。在北京的时候，很多单位不具备组织切片的制作条件，做出来的片子很多人看不懂组织的结构，而且在科研的大环境下越来越多的人转向分子生物学，组织病理的学生招生、就业都比较困难，现在做这个的只有高校和医院的病理科，而且即使是组织学博士也不见得切片做得有多好，更不用说看懂组织结构了。这给了他无限的遐想，组织学发展慢，跟不上科研方法的发展，致使很多人转行，但这恰恰给予了他人机会，他决定把组织病理学相关产品和技术服务作为终生的事业。

年轻即出发，坚持到底。他召集了团队，借款、贷款建起了他们的实验室，花巨资购进仪器设备，优化了一些染色技术方法，联系导师、同学、熟悉行业的朋友为他们做宣传，团队有计划地开拓市场。现在已与家畜改良与养殖新技术国家重点实验室（中国科学院院士团队）、农业部转基因动物及饲料安全监督检验测试中心（北京）、苏州大学附属第一医院、江苏科技大学、蚌埠医学院、安徽科技学院等单位建立起合作关系，业务量和业务水平稳步提升。他们总结自己的技术方法，进行改进创新，取得了良好的效果，正在积极筹备申请国家发明专利，同时，他们也在积极吸纳人才，创新技术方法，向安徽省高新技术企业迈进。

乔恩美认为，年轻人该做一些让自己年迈时可以当作故事来讲的事。他知道他能做什么、知道哪件事可以做，那么他需要的就是坚持做下去，在行进中不断总结、修正方向，向着最初的目标不懈努力。

孙益博

皖西学院

孙益博，男，1992年生，皖西学院2010级机械设计制造专业本科生。2015年3月，孙益博创办六安市智奇工业设计有限公司，任董事长。

时代的进步，社会的发展离不开科技的进步、文化的发展，而现在，越来越多的专利被人忽视，越来越多的优秀文学作品在人们快餐式的文化消费中被冷落。因中途放弃专利而造成的技术流失必须引起重视。据统计，我国专利权放弃的数量非常大，而且在逐年增加。很多人专利申请成功却不知道如何实现其实用价值，导致很多专利不能转化为现实生产力从而运用于实际生产生活中。据不完全统计和调查，仅皖西学院近2万师生中，就有近千人有申请专利的想法。有创意却不知如何申请，导致知识产品有很大一部分被搁置或流失。这时就需要一个关于知识产权以及专利申请流程的咨询服务平台。

六安市智奇工业设计有限公司成立了金帑雒技术创新工作室，其前身是大学生知识产权服务中心，成立于2013年5月，是皖西学院唯一能够提供公益专利申请知识咨询、专利维护知识咨询的专业组织。六安市智奇工业设计有限公司同合肥智慧树知识产权咨询服务公司建立了友好的合作关系，为团队和个人专利申请提供服务。内容包括在申请书撰写过程中为发明人联系专业指导老师，为社会专业人士提供进一步技术挖掘和样品试制，等等。

金帑雒技术创新工作室主要有两种服务项目。

第一种为公益服务项目：（1）如何进行发明创造、专利申请知识咨询；（2）技术保护、专利维护知识咨询；（3）品牌保护知识、商标设计知识和申请知识咨询；（4）创新基金申报策划、材料汇编知识咨询；（5）为发明人

(专利或专利技术持有人、商标持有人）在校园网以及其他各大网站发布技术对接和招商信息。

第二种为有偿服务项目：一是专利申请文书代写、附图绘制服务（执行全省最低收费标准）；二是接受老师学生、企事业单位和个人的技术开发委托，并全程负责该技术的专利申请文书的编撰、申请劳动服务；三是商标查询、设计和申请代理服务（续展）；四是各类创新基金申报材料的代写、编撰服务。

孙益博在谈到创业感想时说："科技创新的速度和转化为现实生产力的步伐正在进一步加快，一些重要科技领域，如物质科学、能源资源科技、信息科技、材料科技、生命科学与生物科技、生态环保科技等，都在酝酿着激动人心的重大突破。与此同时，科学技术作为第一生产力的作用更加突出，全球即将进入一个创新密集和新兴产业快速发展的时代。我们将竭力创造优质品牌，赢得广大客户的信任，大力推广知识产权战略和知识产权产品交易的优势，让消费者充分了解知识产权的价值和作用。"

周 现

皖西学院

周现，男，1990年生，皖西学院2011级材料成型及控制工程专业本科生。2015年3月，周现及其伙伴创办六安市迪瑞伊机械设计有限公司。

六安市迪瑞伊机械设计有限公司是一家专业从事以研究开发、销售、安装、维护为一体的现代化教学设备生产企业。公司以大学作为平台，建立创新研发及销售的平台网络，用来制造和销售更符合当代师生教学及实践课程的实验仪器，包括教学仪器、教学模型、实验室成套设备等。主要产品有内燃机动力机构总成实验教仪开发，可以提高学生的学习兴趣，丰富其感性认识，帮助学生形成明确的概念，发展其观察能力和思维能力，使学生可以更好地用理论联系实际，加深对课本理论知识的了解。如速度波动实验简化项目，该实验集成化太高，由角速度传感器、A/D转换器（模数转换器）和计算机组成，通过计算机就可以读出需要的数据，这会让学生渐渐失去探索的兴趣。项目设计中将简化的实验仪器分解开，模拟出曲柄滑块的实际运用，如内燃机、空气压缩机、冲床和自动送料机，将它们的实际受载转化为弹簧，再根据受载不同模拟出弹性系数不同的弹簧，学生在做实验时可以自己动手选择。该项目并不是简单地简化实验，而是运用简单原理的机械来验证实验，一方面提高了学生的动手能力，另一方面也让学生更好地了解实验原理。

该创业团队不断创新、不断成长，从2012年4月组建至今，从一位讲师两名学生到现在两位副教授八名学生，并以皖西学院电子工程协会和工程设计协会为依托，建立从大一培养兴趣到大二学习技能再到大三参加大赛的完整学习体系。

满怀对公司未来发展的美好期待，周现说："在项目实施过程中，我意识到了团队合作的重要性。做任何一件事情，都要坚持不懈，遇到困难要想办法解决而不是逃避。只有这样，我们才能成功。"

赵芬芬

合肥学院

赵芬芬，女，1987年生，合肥学院2006级旅游管理专业本科生。2012年7月，赵芬芬组织成立了安徽百事通国际旅行社有限公司旺城大厦营业部。

安徽百事通国际旅行社有限公司旺城大厦营业部是重庆海外旗下安徽百事通国际旅行社有限公司独立加盟营业部，拥有国内旅游、出境旅游等经营资质，目前员工总数12人。公司平均每周2次组团活动，每月均有丰富的自驾活动。营业部开业至今，业务不断得到拓展，企业文化也不断得以丰富。公司年营业额超过100万元，并逐渐增长。除实体店外，网店及掌旅通手机页面运营同时上线，带来营业额增加的同时使客户交易更加便利。

2015年1—7月，公司收客人数2 994人次，年度成交额130万元。

安徽百事通国际旅行社有限公司旺城大厦营业部秉承“旅游百事通”的企业文化：

使命：促进旅游行业现状的改变，让旅游回归美好。

核心价值观：正直、公平、信任、担当、谦和。

经营理念：诚信经营，用心服务。

我们深信未来更美好。

回首创业路上的艰辛和快乐，赵芬芬深情地说：“拿到总经理资格证的那一刻我异常开心，我特别坚定地对自己说了一句话：如果努力还不够，那就培养微笑和热情，因为你还会遇到贵人。对于我们旅游行业来说，客户是核心，只有让客户满意、放心才有可能为后续的合作铺路搭桥。依稀记得第一次合作的艰辛，为了留住客源，公司甚至把利润降到2块钱都不到，但诚信总是有回报的，第一次的合作为后面源源不断的客源打下了坚实的基础。

2015年我社单次团队一日超过600人的收客是对付出和努力的最好肯定，我们将继续努力。这些年，我也许实现了21岁那年的梦想吧，带着游客去很多国家，带着梦想到处旅行。未来我的梦想是真正意义上扩大经营，在行业竞争、利润和品质上站稳脚跟，用稳固的步伐走出更加美好的下一步。”

吴　锐

合肥学院

吴锐，男，1990年生，合肥学院2009级艺术设计专业本科生。吴锐2011年6月创办安徽乾越投资股份有限公司，2013年创办合肥万迈家居用品有限公司，2014年10月创办安徽竞怡电子商务有限公司，2015年5月创办杭州竞怡电子商务有限公司。

安徽乾越投资股份有限公司，是一家由中国人创建的国际化互联网产业公司。公司经营多元化的关联产业链业务，致力于为全球商人对接走进互联网；自成立以来，建立了领先的日用百货、生活电器、食品、电子商务、快递物流、商超实体、纸箱生产、摄影设计等一站式综合性投资开发企业，以促进一个开放、同行、共赢的电子商务生态系统为目标，旨在对消费者、商家以及经济发展做出贡献。公司年销售额破亿元，客户数突破千万级别，分销代理上千人，自有品牌专利50多个。依靠自营关联产业竞争优势，旗下“竞怡电商”作为全球首家自代一体开发运营电商公司，首家支持全电商平台专业运营对接的公司，首家开展全国一线城市运营布局公司，电商事业部办公面积5 000余平方米，用电商实践操作经验，从店铺代运营、摄影设计、客服外包、电商培训、仓储物流等帮助无数的中小企业、品牌商提供全方位一站式多模式解决方案。

截止到目前，安徽乾越投资股份有限公司拥有淘宝、天猫、易讯拍拍、苏宁易购等多个店铺，拥有电子商务、快递物流、店铺托管、摄影设计、物料生产等多个产业；电商办公面积6 000多平方米，年产值达到1亿元。

电商行业时刻都在发展变化，只有不断地学习探索才能走得更远。安徽乾越投资股份有限公司未来三年战略规划方向：第一，集中主力发展网上零售事业，继续拓展品牌之路，进行品牌整合和分档开发。借助乾越旗下品牌与京东、拍拍、淘宝、天猫、苏宁、易迅及各大团购网站合作共赢。第二，重点打造乾越分销平台团队，做最有社会责任感的企业，为那些想创业但没经验缺乏资金的人提供技术和扶持。第三，做好竞怡电商代运营项目。第四，深化网络批发模式，为全国客户提供大额批发、定做、加工设计等服务。第五，整合合肥市场店铺，开启O2O网购体验模式。

在谈到创业期间的感受时，吴锐说："成功是一种积累，从良好的心态到务实的工作，每一个扎实的脚印，都是构成美好未来的坚固基石。我能走到今天，源于我心中的那份责任和信念，我认为创业需要坚持三点：兴趣、胆量和能力。"

李一鸣

淮南师范学院

李一鸣，男，1993年生，淮南师范学院2010级通信工程专业在读本科生。2014年9月，李一鸣创办星期七文体用品销售中心。

星期七文体用品销售中心围绕当代信息产业链“三位一体”，即平面媒体、网络媒体、手机媒体编制成完全覆盖某个地域的信息平台，主营业务有：运营手机媒体——星期七APP；平面媒体——《星期七微报》，网页开发设计、运营聚农网，平面设计，视频制作，市场营销策划。

星期七APP基于安卓和IOS系统开发，是集线上和线下服务于一体的信息平台。前台采用JAVA语言开发实现安卓客户端，拥有软件的原始著作权。软件前台UI设计每个矢量图使用PS、CDR完全自主设计。后台采用PHP语言开发，多核多管理员一键管理系统，最高管理员可一键设置普通管理员。普通管理员可以对所有文章进行修改、编辑、发布、删除、统计、查询等操作。后台数据和信息收集采用移动互联网大数据思维进行，包括用户的手机号码、性别、年龄、GPS定位地点、每个栏目的停留时间等。应用软件操作简单，实现了周边多种生活服务一体化，集成信息云化，信息触手可得，方便实用。该应用推动了社会信息云化和O2O营销模式的发展。

星期七APP在安徽创青春全国大学生创业大赛中脱颖而出获得了银奖，在安徽省大学生职业规划暨创业大赛中获得银奖，在淮南市优秀创业项目评比中获得二等奖。

在谈到创业感想时，李一鸣说：“我不愿去走一条一看就能看到尽头的路。每个人都有自己的梦想，为了梦想而奋斗永远都不会觉得累。”

王振宇

淮南师范学院

王振宇，男，1993年生，淮南师范学院2013级艺术与科技专业在读本科生。王振宇2014年9月成立田家庵区若谭信息服务部（个体）、淮南市若水潭青少年创意绘画画室，2014年12月创办淮南市若水潭数字科技有限公司。

公司经营范围：计算机软硬件开发及销售，图文设计、制作，国内户外广告代理、制作、发布，虚拟现实设计，三维设计，动漫设计，网站建设，摄影服务（不含影视制作），会展服务，工程装饰、园林绿化设计与施工，电子产品销售，电脑耗材销售，家具、工艺品制作与销售，模型制作，教学专用仪器销售，教育信息咨询（不含培训），等等。

目前企业已在经营项目：图文设计、制作，国内户外广告代理、制作、发布，虚拟现实设计，三维设计，网站建设，摄影服务，教育信息咨询。

目前已投资金额：14万元。摄影摄像设备5万元，画室3万元（包含店面及装修），日常管理设备1万元，文印设备3万元，人员工资2万元。

目前公司盈利产品：360度全方位三维虚拟现实浏览；企业宣传精品包装综合性广告方案提供；网店及网站制作与开发；摄影摄像服务（晚会、毕业生音乐会、大型活动、婚庆）；青少年美术绘画培训。

目前合作企业：淮南市诚智广告有限公司会展业务，淮南市金星标牌制作公司广告业务，北京中视典数字科技有限公司。

目前团队人数：在岗创业核心成员6人，实习成员15人。

在谈到创业感想时，王振宇说："创业，是我一生中最宝贵的经验。在以后的日子里，我要继续稳住脚步，一点一滴继续努力。我相信，每天努力一点点，与成功的距离就会拉近一点点。"

吴　超

巢湖学院

吴超，男，1989年生，巢湖学院2007级法学专业本科生。2013年12月，吴超创办传英特种养殖有限公司。

2013年，吴超组织年投资60万元建立波尔山羊养殖基地，场内共养殖波尔山羊530头，其中肉羊300头，种羊230头。场区养殖的模式是散养。由于散养的模式太过粗放，不仅受地域影响大，而且耗费大量的人力、物力，于是吴超等在2014年又租赁几排房子，改造后建立起湖山羊养殖基地。场区有肉羊350头，种羊150头。这个场区的养殖模式是圈养，这不仅克服了地域的难题，也极大地缩小了养殖的成本，在羊肉市场竞争中抢占了先机。经过不懈努力，传英特种养殖有限公司不仅偿还了建场时的借款，而且赚到了第一桶金。目前养殖场运行十分平稳，2014年年销售额为68万元，净利润28万元。

在谈到创业的感想时，吴超深情地说："农村是一个广阔天地，在这里是可以大有作为的。作为一名新时代的大学生，一定要与时俱进，改变观念，更新自我，条条大道通罗马，处处都有创业路，就看你敢不敢干！愿不愿干！会不会干！我郑重承诺：我要把在基层创业当作我一生的事业来做，矢志不渝，永不言悔！2013年，我顺利通过了考核，担任早林村第一书记，这更坚定了我扎根基层、勇于创业的信心。在农村这片广阔的天地里，我将把书本知识和实际工作有机结合起来，在基层中锤炼！在锤炼中成长！在成长中收获！在收获中提高！在创新的道路上，我会用辛勤的付出和劳动的汗水谱写一首首真实而壮美的青春之歌，并走出一条条自主创业的康庄大道！"

刘 洋

黄山学院

刘洋，男，1988年生，黄山学院2007级汉语言文学专业本科生，曾任职黄山市教育局人事科、黄山旅游集团有限公司总裁秘书、国家电网上海电力公司行政专员、上海市旅游局旅游人才交流中心办公室负责人。现任上海市旅游人才交流中心市场部经理，黄山莫凡文化传媒有限公司总经理，黄山莫凡旅游服务有限公司总经理。

对于刘洋来说，一份收入不菲而又稳定的工作对他来说没有多大的吸引力，因为他从没有丢弃过自己的梦想，三年的社会经验也许微不足道，但是他从没有停止过为梦想创造机会。2014年4月，经过三年的社会实践和积累，刘洋依然选择返回母校黄山学院，寻找创业合作伙伴，组建创业团队，开始走上创业道路，开始了自己的逐梦生活。

黄山市莫凡文化传媒有限公司成立于2014年4月，凭借其在互联网领域敏锐的目光、鲜明的个性和极富创意的理念，以及以“文化营销”为核心的营销模式，在新媒体营销和网络传播方面迅速崛起，并多次得到政府部门和企事业单位的认可。2014年12月莫凡传媒通过资源整合，投资控股成立黄山市莫凡旅游服务有限公司。目前，“莫凡”业务范围覆盖微信公众平台开发运营、全媒体营销传播、平面广告设计制作、活动策划及执行、旅游电子商务、旅游地接服务、旅游纪念品开发、旅游人才校企合作推荐等。

莫凡团队现有10人，总投资金额达120万元，经过一年时间对安徽皖南地区的旅游资源和传媒资源整合，如今在皖南地区有一定的影响力。2015年通过策划执行各景区旅游活动，例如徽州区“赏黄山晒秋，住徽州民宿”活动、唐模景区“年轻跑出样，唐模也疯狂”、西溪南“夏天山水味，我们去约会”、芙蓉谷“‘粽’情芙蓉谷，越跑越清凉”等，为莫凡旅游赢得了社会一致好评，并获得黄山市2014年“旅游新媒体宣传工作先进单位”。

鉴于黄山地域特色，加上政府对旅游业的大力扶持，经过慎重考虑，通过整合兼并的运营方式，黄山莫凡文化传媒有限公司于2014年12月成立黄山莫凡旅游服务有限公司，成功进入旅游行业。通过不断整合黄山旅游资源，吸收优秀团队成员，莫凡旅游在黄山、九华山旅游电子商务市场上崭露头角，实现了携程、艺龙、去哪儿、阿里旅行–去啊等旅游主流电子商务平台的全覆盖。经过半年时间的发展，莫凡旅游业务除旅游电子商务以外，还包括商务旅游、自助游、自驾游等小众旅游策划与执行，户外拓展培训、外地旅行社旅游地接服务、景区酒店管理等业务，同行送名“黄山旅游小黑马”。

2014年年底，通过整合原有上海旅游市场资源，在上海市旅游人才交流中心和上海扬春申企业管理服务有限公司授权指导下，“莫凡”成功涉足上海旅游人才市场，为上海各类旅游、企事业单位提供专业人才推荐服务，现合作单位主要有希尔顿国际酒店集团、洲际国际酒店集团、凯宾斯基国际酒店集团、喜达屋国际酒店集团、香格里拉酒店集团、上海市衡山集团公司等。

回首创业生涯，刘洋说：“这一年是最困难也是最充实的一年，有一点始终没有改变，那就是：相信自己的团队，坚持我们的梦想，坚持了，熬过了，梦想也就实现了！”

牛刚

黄山学院

牛刚，男，1989年生，黄山学院2007级园林专业本科生。2011年3月开办徽州区华律琴行，2013年7月开办徽州区华律琴行二店，2014年5月开办青年公社Live House，2014年11月创办岩寺古镇文化旅游服务有限公司，2015年5月与他人合作开办徽州区乐海琴行。

青年公社Live House创建于2014年5月，黄山文艺酒吧先驱。始终保持文艺和独立，高举理想的大旗，用独立的思维、先锋的品质和人文的情怀，经营音乐、电影、话剧等文艺门类。始终坚持自己的文化品格和经营理念，希望能以小众影响大众，为这个城市带来更加美好的文化消费体验。

2014年7月，青年公社Live House在徽文化比较盛行的徽州区开门营业，是整个黄山市第一家明确以文化为经营内容的酒吧。短短一年，这里迅速成为黄山乃至皖南地区文艺青年、摇滚青年的聚集地，很多人从城市的四面八方往这里聚集。

开业至今，青年公社Live House举办了独立音乐人钟金龙的《会不会》专辑首发、罗刹乐队专场演出、蕾丝爸爸华东mini巡演、皮痛乐队专场、沙子乐队专场、李鑫彤专场、跨年音乐会、伤逝乐队专场、黄山本土音乐人专场等演出活动。这里已经成为黄山摇滚乐、民谣音乐及各种独立音乐的聚集地。在这里你会欣赏到世界各地的摇滚乐队的表演，也会欣赏到话剧、先锋艺术等舞台艺术的精彩演出。这里将会成为城市文化的一个新地标。

满怀对青年公社的热爱，牛刚说："我们这里崇尚自由与和平，我们宣扬一切发自内心的想法。在这里，我们可以暂时丢掉工作和生活中的烦恼，尽情享受现场乐队带来的刺激。我们主张抛开一切，我们主张人性解放！在这里，我们享受啤酒文化、音乐文化、艺术文化！"

陈张飞

铜陵学院

陈张飞，男，1989年生，铜陵学院2008级市场营销专业本科生。2012年成立铜陵市美佳墙绘服务部，2013年创办昆明杰质建材有限公司。

昆明杰质建材有限公司现经营混凝土添加剂、五金建材、金属门窗、不锈钢制品、涂料、油漆等的销售，团队成员目前有8人。经过两年的奋斗，团队的协作能力不断增强，公司产品也不断更新换代。在以质取胜、服务在人的理念下，公司不断发展壮大，目前各方面都在稳定发展，计划明年公司将实现“双翻”，一是人员翻倍，吸纳更多的社会精英壮大团队，二是公司营业额翻倍。

谈到创业感想时，陈张飞说：“将近四年的创新创业历程，令我对大学生创业有了不一样的看法。我于2012年从铜陵学院工商管理系毕业，创办了铜陵市美佳墙绘公司和昆明杰质建材有限公司，深刻体会到21世纪是一个创新的世纪，未来对具有创新创业能力的人才是迫切需要的。大学生作为高等教育的主体，作为社会向前发展的原动力，必须与知识经济时代的发展要求相适应，具有较强的创新创业能力。我认为提高大学生创新意识和能力的途径有三条：第一，要主动营造活跃的创新氛围。环境一直是关乎学习和工作效果的重要因素，拥有良好的环境将会起到事半功倍的作用。而创新氛围的营造能为创新行为提供环境支持，积极热烈的创新场景可以使大学生产生创新的意识和灵感。一方面，在大学里面我们应该积极主动配合营建自己的创新团体；另一方面，我们要充分利用好大学里的各种硬软件方面的资源，如图书馆、实验室等。同时，大学生不应该仅仅拘泥于大学校园，还应该主动走出校门，参加社会调研，让理论和实践相结合，在社会实践中发现问题、思考问题、解决问题。第二，要培养科学的学习习惯和思考习惯。朱清时院士在总结创新能力提高的技巧时称，出色的科学家之所以能源源不断地有新成就，在于他们有从不枯竭的兴趣，并不断地培养自己的知觉，最后聚精会神地去研究它。由此看来，我们需要拥有极其浓厚的兴趣，并在学习和思考的时候全身心地投入。第三，持续积累夯实基础知识。毫无疑问，扎实的基础知识是一切创新成果诞生的良好开端。没有扎实的基础知识，是不可能拥有成功的创新成果的。当然，我们在学习专业知识的同时还要提高自己的动手和实战能力。”

刘大磊

铜陵学院

刘大磊，男，1987年生，铜陵学院2008级材料成型及控制工程专业本科生。2012年3月成立铜陵市开发区金讯电脑经营部，2013年9月成立铜陵瑞洁环保设备有限公司，2014年6月成立龙腾教育咨询有限公司。

龙腾教育咨询有限公司的主要产品为研究生入学考试辅导。龙腾教育引进合肥超越、西安学府以及启航考研等一线师资，是一家师资力量强大，以学生为主体的有责任心的辅导机构。团队人数为35人，分校负责人1人，市场区域经理4人，二级销售经理30人。龙腾教育投资总额为10万元，年销售总额为40万元。

随着社会经济的不断发展和就业压力的不断增大，许多人为了谋求自身发展踏上了自主创业或者合伙创业的道路，但是纵观整个创业领域，我们不难发现：创业不容易，创业成功更不容易。俗话说不经历风雨怎能见彩虹，随着社会经济的发展和教育制度的不断完善，大学毕业生人数也在逐年增加，面对巨大的就业压力，国家积极拓宽就业领域，同时也鼓励一部分人选择创业。在创办龙腾教育咨询有限公司的过程中，刘大磊认识到想要做好服务行业，服务态度永远是第一位的！在任何时候都要注意自己的言行，做人要厚道，服务要到位，考虑事情要全面，同时还要能吃苦耐劳。

谈到创业感想时，刘大磊说："首先，创业需要有坚实的基础。对于大学生来说，选择创业不应该出于一时冲动，而应该慎重考虑，充分了解市场，把握市场发展趋势，并做好创业的前期准备。其次，要敢于承担风险。事物的发展并不是一帆风顺的，正如马云所说：'创业者自从创业那天面对的就是困难和灾难。'学生创业毕竟经验不足，如果是自主创业，那么个人承担的风险将是不可估量的，这就需要有敢于承担风险的意识，或者选择合伙创业，以此来降低成本，降低投资的风险。再次，创业需要有坚定的信念。所谓信念就是认知、情感和意志的有机统一体，是人们在一定的认识基础上确立的对某种思想或事物坚信不疑并身体力行的心理态度和精神状态。对于刚踏入社会的大学生来说，创业能否成功在很大程度上取决于信念是否坚定，因此，一旦选择创业就应该树立坚定的信念。最后，创业需要有创新精神。我的创业旅程才刚刚启程，一切都还很不成熟。但我相信，只要坚定梦想与信念，一步一个脚印地往下走，一切都会越来越好。”

杨旋旋

滁州学院

杨旋旋，男，1989年生，滁州学院2008级体育教育专业本科生。2013年1月成立田家庵区大唐科技中心，2014年8月创办淮南市智尚商贸有限公司，2015年2月开办田家庵区盛唐电子科技店。

田家庵区大唐科技中心经营产品主要包括电子配件、电脑设备及耗材、手机设备及耗材、办公设备及耗材、产品批发零售、电子商务等。团队核心成员8人，投入资金约40万元。经营方式主要包括零售、批发、电子商务、单位投标。年营业额约200万元。

杨旋旋有着常人没有的创业激情，一谈起自己的创业之路，总是滔滔不绝。他说："一个人要做成一件事，就要勇敢地跨出第一步，然后坚持不懈地走下去。"

2008年北京奥运会前夕，正在打发着暑假生活的杨旋旋，偶然看到一家商店在卖印有奥运福娃的T恤衫，直觉告诉他这是一个难得的商机。于是他开始四处奔波，联系到厂家，商谈好价钱后进了800件T恤衫，在大街上摆摊。从第一天摆摊到奥运会结束的20多天里，他净赚了6 000多元——这是他人生中的第一桶金。正是这次成功的尝试给了他信心，也为他以后的创业奠定了基础。

这和杨旋旋喜欢学习财经方面的知识是分不开的。大学期间，他非常钟爱图书馆，因为他知道那里有他需要的东西。光经济学方面的书籍他就看了五六十本。学习之余的杨旋旋非常喜欢看马云、俞敏洪、史玉柱等成功人士的奋斗史，不仅可以学习那些成功人士的创业经验，还可以用来激励自己。杨旋旋认为，大学生面对严峻的就业形势，有人选择考研，有人选择考公务员，然而大学生自主创业是一个发展趋势。面对这样有利的形势，他萌生了创业的想法。

从福娃T恤到U盘等电子产品，再到组装电脑、销售笔记本电脑、开网店，杨旋旋一路打拼着，为梦想努力着，就像他自己说的："有想法就要付出行动，行动了还要能坚持。"

对于杨旋旋而言，一步一步成长的足迹是无法用文字或语言来表达的，捍卫每个人成长道路的是一种心灵的力量——顽强拼搏。对于有创业想法的同学，他建议大家找好目标，然后坚定目标，向目标前进！不要浪费时间，学会合理利用资源，坚持自己的梦想，实事求是地奋斗，这同时也是他对自己的要求。

马 闯

宿州学院

马闯，男，1994年生，宿州学院2012级化学工程与工艺专业在读本科生。2013年8月，马闯与合伙人合作创办宿州市飞扬学子通信设备销售有限公司。

宿州市飞扬学子通信设备销售有限公司，由宿州学院化学化工学院的四位在校学子投资建立，注册资本50万元，具备一般纳税人资质，注册地址为宿州市宿州学院东校区北大门。公司成立于2013年8月，主营通信设备、终端销售，主要业务合作伙伴为中国电信股份有限公司宿州分公司、安徽圣龙科技及安徽银丰科技发展有限公司等。目前主要经营3个宿州市校园营业厅和1个厂区营业厅。公司现有员工12人，财务制度健全，办公环境优雅。公司成立至今，积极拓展业务，年营业额已超300万元，发展趋势很好。

谈到创业感想时，马闯说："我们一步步走来，我们吃过苦流过泪，但是我们从来没有放弃过，即使在最困难的时候，我们几个人一起在食堂里吃馒头，也从没有动摇心中的坚定信念。坚持就是我们最大的动力，永不放弃，我们定会有不一样的收获。"

张 俊

蚌埠学院

张俊，男，1989年生，蚌埠学院2008级市场营销专业本科生。2010年开办DIY餐吧，2012年开办风行数码店，2013年成立风行快递中心，2014年10月创办和县小辣椒电子商务有限公司，2014年12月创办和县顶好商贸有限公司。

和县小辣椒电子商务有限公司，是和县第一家电子商务公司，由张俊与和县供销社共同出资创办，张俊占65%的股份，一期投资100万元。公司主营和县及周边土特产，包括两家线下实体展示店，一个自建B2B特产商城，一个天猫旗舰店，三个淘宝店，微商圈分销体系。公司经过近10个月的发展已经建立了初步的核心团队，并于2015年7月在南京成立了电商运营中心。电商运营团队12人，实体店销售人员7人，员工平均年龄26周岁，80%具有本科以上学历。小辣椒电子商务有限公司是一个年轻的电子商务公司，奋发向上，充满活力！2014年实现销售额280万余元，2015年随着线上平台的逐渐发力预计年底实现销售额1 700万元。

和县顶好商贸有限公司成立于2014年12月，现有团队成员6人，主要从事与食品品牌相关的县域总经销，现代理产品恒大冰泉、鸡笼山辣酱、恒顺等，总投资80万元。半年销售额累计460余万元。

张俊说："创业过程中，我学会了在忙忙碌碌背后，沉淀思路，由不可行到可行，由高调到低调。一个信念一直在支持着我：不能放弃，否则只有去选择另外一条道路，而创业是我最想要走的路。清楚自己想要什么，一个一个地解决困难是我创业路上最大的体会。小辣椒这个品牌，它真正来源于生活。因为生活，所以激情，我坚信，这样的生活，才是自己所追求的。创业的过程艰苦无比，但却给予了我许多纯粹的快乐。"

汤竹军

池州学院

汤竹军，男，1992年生，池州学院2014级人力资源管理专业在读本科生。2014年7月创办淘天下电子商务有限公司。

淘天下电子商务有限公司，主要以淘宝C店为平台，同时涉及微信平台的相关运营。目前主要包括防晒伞帽、时尚雨衣以及儿童书包的销售。公司现有主要成员2名及兼职学生3名，公司成立初期总投资约30万。公司主要负责人都曾接受过电子商务及会计专业知识的学习和培训，并长期从事网商的实践运营，在产品的营销推广方面有相当丰富的经验。公司现有长期合作的下线客户53家，以及网上日常消费客户群。公司目前已经开通四个淘宝C店，通过网上客户沟通以及线上客户资源推广，形成了稳定的销量排名和销售份额，所销售的夏季防晒伞帽在同类目商品卖家中排名靠前。自2014年7月公司成立以来，截止到2015年7月，年销售额已接近260万，对原定的200万元年销售额目标有了很大突破。

公司在现有资金、人力以及客户圈稳定的情况下运筹帷幄，及时调整策略，顺应市场的发展。在自我公司服务上，他们将更加注重学习服务型销售企业的精髓，提升服务质量。在务实、效率、勤劳和诚实的基础上，进一步提升公司的企业文化，为公司的长期均衡发展打下基础。

谈到创业感想时，汤竹军说："路漫漫其修远兮，我们将用所学的知识和初创企业的经验，用年轻一代的思想打造新的商业模式；我们将坚定信心，坚持梦想，做一流的企业；我们将怀着感恩之心，回馈学校，回馈社会，做有责任感的现代化企业。"

宋 龚

安徽新华学院

宋龚，男，1988年生，安徽新华学院2009级国际经济与贸易专业本科生。曾荣获“创青春”安徽省大学生创业大赛实践赛金奖，“创青春”全国大学生创业大赛实践赛银奖。

2012年5月，宋龚及其团队成立安徽非羽网络科技股份有限公司。

目前，该公司是全球最大的电子商务平台阿里巴巴设立在安徽地区的营销服务中心，是安徽省提供电子商务一站式营销服务最专业、最专注的行业领袖公司。公司作为阿里巴巴渠道商，在为企业办理阿里巴巴中文站会员基础上，针对目前60万阿里巴巴诚信通会员的需求，推出基础运营服务，并面对B2C平台以及B2B平台特色产业以项目组形式，推出运营一站式——“姗姗来持”项目组，即为客户提供产品及产品培训，为客户提供集产品设计包装、线上推广、品牌定位、广告投放及线上销售和售后维护于一体的服务。目前公司本部人员为85人，由总经办、财务部、新签部、客服部、运营部、专业市场等部门构成。公司注册资金为3 000万元，年营业额近500万元。

在谈到创业感想时，宋龚说：“在创业的时候，我告诉自己，要专心做公司，这条路让我体会到了创业的孤独与无奈，也让我体会到了温暖。”当初辞掉工作决定创业时，他没有直接走上创业道路，而是先回到合肥加入一家网络公司开始做起安徽阿里巴巴网商，从一个安徽网商一直做到总经理。在想清楚初创企业会遇到的各种问题，并详细地考察制订了计划后，2012年与自己的伙伴创立合肥非羽网络科技股份有限公司。

他说，创业前期需要冲动，但不能只靠冲动，最后要形成自己对商业的判断。经历了初创团队人员的离职、产品市场恶意竞争、资金的紧张、外地市场拓展等问题，他和他的团队拼杀出来了，运用有效的经验，对商业有自己的价值判断，实现稳定与盈利。

“创业，说靠谱或者不靠谱的人都有。这是正常的，这就是创业的第一关，只有闯过这一关才可能成功。一开始，所有的人都跟我说，做阿里巴巴不行，做互联网不行，安徽的传统企业老板不会接受也不会使用。但正是因为市场基础不成熟，才需要我们这些先锋者。现在，企业网上采购已经普及了，安徽各特色产业中小企业的用户习惯也已养成，市场已经成熟。”

“我现在对创业者的忠告就是：要迅速、有效地去尝试，去找到最有效的销售法。你可能一辈子也不能理解的，就是坚持和拼搏。事情做没做成，就看有没有用心。”

梦想一定要有的，万一实现了呢？

胡海祥

安徽新华学院

胡海祥，男，1992年生，安徽新华学院2013级财务管理专业学生。

2014年12月，胡海祥及其团队创办合肥喜来鹰电子商务有限公司。该公司是一所集运营、战略咨询、信息服务、美工、企业事务代办、店铺托管运营和销售于一体的电子商务服务型公司，目前公司员工20人，初期投资金额约150万元。公司开展了多次营销活动，如阿里巴巴淘宝的“天天特价”“聚划算”“淘抢购”等，参股的合作伙伴是合肥博耀信息技术有限公司。目前公司年营业额为400万元至600万元。

在谈到创业感想时，胡海祥说：“当初创业是因为做淘宝做得很好，赚到了钱，尝到了甜头。当时电商很热，自己经过深入了解和人员培训组建了一支队伍，具备了创业的前期条件。创业当然不容易，遇到很多困难是必然的，累是肯定的，但是只有一句话，就是要坚持到底。”“今天很残酷，明天更残酷，后天很美好，但是绝大多数人都死在明天晚上，看不到后天的太阳。”马云曾这样忠告青年创业者。

他说，其实创业是一门艺术，就像画画一样，每个人都能画，但是不是每个人都能画得好，能够称得上大师的只有那么几个人。现实生活中很多人只看到创业成功者头顶上的巨大光环，也因此走上创业之路，而不是从自己的实际情况出发的，哪怕自己根本不具备创业者的素质。“仓促上阵必将狼狈下马。”创业是一场关于人的胆识、智慧、情商加上执行力的综合考验，对创业者的要求不只是简单做好一份工作，作为一个优秀的创业者，心里要装着整个项目，熟悉项目中的每一个构成元素，并且能够自由驾驭、战略规划、统筹调配、均衡内部关系，使之达到一个最具战斗力的状态。总而言之，创业是一门技巧性很强的艺术。

邬长春

安徽新华学院

邬长春，男，1986年生，安徽新华学院2007级计算机专业学生。在校期间获2007—2008学年“国家励志奖学金”及“优秀学生干部”荣誉称号。

2010年11月，邬长春及其团队成立安徽金春智能科技有限公司。该公司在为用户创造更多价值的同时，更是致力于为不同群体的用户提供更高层次的应用需求。公司极力推动新产品普及和公司的发展步伐，在品牌的规划及产品导入中，不断注入新元素。在为用户提供高性价比产品的同时，更注重于为用户提供全心全意的服务，把客户当成我们的朋友。拥有一支强有力的技术服务和销售团体，兢兢业业，勇于创新，与各个厂家和商家团结、合作、开拓、发展，注重信誉，强调服务，以忘我的敬业精神和精湛的技术为用户提供服务。2015年1月，该公司成立了天一消防工程集团有限公司合肥分公司。天一消防工程集团有限公司合肥分公司位于安徽合肥包河区鸿诚大厦，是集消防工程、消防改造设计与施工、安防监控、楼宇智能化、系统集成的一体化公司。

公司现有员工9名，其中新华学院8名，公司业务主要集中在安徽省内，项目年签约金额在1 000万元左右。

在谈到创业感想时，邬长春说：“这几年走过来，面对创业有一些自己的想法。有的人创业是因为生活，有的是因为兴趣爱好，也有很多人是机缘巧合，而自己走上这条路是为生活所迫。”他为了解决生活问题，从在学校做小生意开始慢慢走上创业这条路。

创业是一个异常艰苦的过程，需要付出很多的努力和汗水，强大的信念更是创业者必不可少的精神支撑。因此在决定是否创业之前，我们必须要了解自己是否真的适合创业，切不可一时兴起盲目地加入创业的潮流中。创业不是形式，而是一种心态，你要把“打工”当作学习。如果把“创业”定义成自己去注册一家公司，这实际上更多是为了创业而创业，只是一种形式。“创业”应该是更广义的，就是希望能创造出与众不同的东西，如果怀着这样一种心态，即便毕业后去“打工”也是在“创业”。只有通过实践学到的能力，是别人剥夺不走的，是真正属于自己的财富。大学生在刚毕业什么资源都不具备的情况下，一定要学习如何“创业”，不要把这个过程看成是“打工”。

很多人在考虑自己适合做什么，适合什么样的创业项目。俗话说“隔行如隔山”，大学生在选择创业项目的时候，要尽量选择与自己的专业、经验、兴趣、特长相符合的创业项目。俗话说，兴趣是最好的老师，只要你对某件事情感兴趣就容易做到事半功倍。此外，创业项目一定要选择自己熟悉或者热爱的行业，这样才能够在创业之路上坚持下去。还有很多人是在摸索中找到适合自己的创业项目的，开始从事的行业不一定对口，可是只要在创业这条路上能坚持下去，就会找到适合自己的项目。创业者需要具备一定的市场洞察能力，在确定创业项目之前，创业者要考察当地市场，了解市场的特征与需求。有些产品虽然需求大，但成本高、利润低，不利于资本的积累。还有些行业可能市场已经饱和或者已经处于产品生命的衰退期，这都需要创业者进行判断。

其实很多时候创业是在校园内，或者刚走出校门，从小生意做起，虽然没有工作经验、市场经验、公司管理经验以及最基本的财务经验，但是只要在创业的路上走下去，这些都会慢慢得到积累，只不过是时间长短的问题。所以说创业路上很艰辛，创业路上很痛苦，可是创业路上很充实，创业路上很满足。

创业就是坚持，坚持下去，就会成功。

张 青

河海大学天文学院

张青，男，1992年生，河海大学天文学院2011级地质工程专业本科生。2014年6月，参加“创青春”全国大学生创业大赛，参赛的两个项目分别获得铜奖和银奖；2015年3月，参加“昆山花桥杯”第十届安徽省大学生职业规划设计大赛暨大学生创业大赛，参赛的项目获得铜奖。

2014年10月，张青及其团队注册成立了安徽青鸿网络科技有限公司。该公司注册资金100万元，经营范围有互联网信息服务、广告制作发布代理服务、大型活动组织服务。目前公司团队已有5人，月营业额5万元左右，主营业务有互联网开发、快递媒体、出租车媒体推广、广告制作、活动策划等。

在谈到创业感想时，张青说，自己家境一般，心里很早就埋下一颗创业的种子。大一时他除了学习外，想的最多的是如何利用课余时间去打工挣钱，一方面减轻家庭负担，另一方面也可以提前体验社会的酸甜苦辣。大一期间，他利用课余时间开过零食小铺，上门推销过各种学生实用产品。大二期间，他担任学校创业就业者协会宣传部部长，做过驾校代理，还开了一个淘宝店铺，暑假期间在一家商贸公司做市场推广专员。大三期间，他创建了大学生兼职团队，队员人数200人左右，为企业提供外包服务。大学期间，他做过很多与创业相关的事情，除了能够解决生存问题之外，更重要的是让他积累了经验、拓展了人脉，使他能迅速成长。

创业路上他遇到的最大困难就是资金问题。他说：“现在的市场行情不如以前，很多和我们合作的客户都出现拖欠业务款项的现象，以至于我们公司无法正常运营，最穷的时候我们连员工的工资都发不出来。但是我们依然坚持着，咬紧牙关，通过向朋友借周转资金，最后还是挺过来了。”

“如果用一句话总结我的创业感悟，那就是坚持。”沉思了一下，他又补充说，“用心去做。”任何人都有一条成功的路，成功没有固定的模式，但是，无论做什么都要用心去做，到最后你积累的知识、经历，一定会成为你事业的基石。

这就是一位90后创业青年的创业故事！

程 坤

安徽大学江淮学院

程坤，男，1989年生，安徽大学江淮学院2008级电子商务专业本科生。2014年6月参加安徽省“挑战杯”大学生创业大赛并获得三等奖，2014年12月参加中国电信“华为杯”飞Young学子公司创业大赛并获得创业精英奖。

2011年7月，程坤及其团队成立了合肥新翼信息技术有限公司。该公司在共青团青年就业创业见习基地和安徽大学江淮学院大学生创业活动中心的框架下，以实体连锁电信营业厅为基础，通过勤工助学的方式向年轻群体提供更好的通信产品和服务。该公司还是安徽省团委共青团青年就业创业见习基地在江淮学院的分支，是江淮学院为学生提供勤工助学、创业实践、就业指导的综合平台。2011年以来，江淮学院学生到公司中勤工助学的人数累计已达200人次。四年中公司累计发放勤工助学工资26万余元，通过项目协同相关通信企业提供实习岗位，实习人数达35人，直接利用项目资源使毕业生在相关通信企业就业的11人。现已开设两个直属门店，两个挂靠服务门店。

在谈到创业感想时，程坤说，自己创业是从江淮学院勤工助学岗位做起的。他从一个报刊亭负责人做起，先后负责学院收发室、邮政所几个勤工助学岗位部门，经过逐步学习与锻炼，2011年，他在学院孵化基地的大学生创业活动中心平台上开办公司，并延续勤工助学模式，这得到了团省委、江淮学院、电信企业的一致认可。

自2011年以来，他不断拓宽自己的业务领域与渠道。勤工助学期间，他为人诚恳、做事认真、努力钻研，在具备了创业能力之后才开始创业。在创业的同时，开发更多的勤工助学自主经营项目，设立勤工助学岗位，将此作为提高勤工助学学生能力、培养其实践技能的工作舞台，为其走上创业、就业之路打下基础。

张俊

安徽师范大学皖江学院

张俊，男，1993年生，2015年6月毕业于安徽师范大学皖江学院电子信息工程专业。2014年5月获中国大学生计算机设计大赛安徽赛区一等奖，2014年7月获中国大学生计算机设计大赛全国二等奖。

2014年9月，张俊及其团队创办安徽手心智能技术有限公司。目前团队成员两人，共投资30万元，注册资金200万元。如今，公司在芜湖市已经崭露头角，在各大小区都有他们的施工样板房，如长江长小区、世茂滨江小区、国贸天琴湾小区、绿地等。随着公司规模的扩大，公司业绩不断提升，年销售额达到50万元，业务范围也得到不断拓展，先后承建了苏州吴江百川影院的智能控制系统、铜陵市百度设计院VIP室的远程控制系统。

自大学一年级开始，张俊就有了创业的念头，从卖零食到办暑期辅导班，再到成立公司，他一直奋斗在创业的路上。租房，发传单，买桌椅，晚自习去教室做即兴演讲宣传……那段时间是累并充实的。就这样，张俊从暑期辅导班开始，在教育辅导行业越走越远，至今已三年有余。2014年，张俊在芜湖市、无为县就开设了三个辅导班，聘请专兼职教师十余名，一个暑假收入就超过10万元。

2013年寒假张俊开始对物联网有了兴趣，他学的是电子信息工程专业，本来就是一个“电子控”，对于高科技产品兴趣浓厚。而智能家居是物联网的一个核心组成，市场前景巨大，于是张俊萌发了换个行业继续创业的想法。说做就做，张俊开始了解市场上智能家居的品牌、技术、质量、外观等，2014年8月他拿到了广东聚光电子科技有限公司旗下KOTI品牌的芜湖市代理权，带领团队开始了新的创业之旅。

张俊在谈到创业感想时说：“实现自身的价值，创业是我一直在走的路。没有人的带领，虽然我走得磕磕碰碰，但是我坚信每跌倒一次，我的下一步就会走得更稳。”

林 浩

安徽农业大学

林浩，男，1992年生，安徽农业大学2008级机械设计及自动化专业本科生。

2015年3月，林浩注册成立了六安悠然堂商贸有限公司。该公司主要经营纯天然养生花草茶，在网上开店至今一年内备受好评，信用等级达到3个“皇冠”。2015年3月，公司受六安科技局邀请入驻电子商务创业园，目前年营业额已超过200万元。公司现共9人，分别负责销售、美工、运营、仓储、客服、售后等工作。本着努力寻找绿色产品的宗旨，自创办之初林浩就奔波在寻找绿色产品的路线上，足迹先后到过山东、湖北、宁夏、四川等地，全心全意做天然食品。

在谈到创业感想时，林浩说，自2008年9月入学以来，在学校中除了完成学业外，积极参加各种勤工俭学活动，努力提高自身的能力水平。大三下学期，他与同学一起在学校附近开了个烧烤店。虽然最后该烧烤店没能一直经营下去，但对其以后的成长有着重大的意义。2012年7月毕业后，他曾在一家液压机公司担任设计师一职，但他不满足于枯燥单调的生活和微薄的工资，于是决定辞职创业。

通过考察，他最终决定做健康养生产品。最初创业只是他一个人，他同学兼好友了解情况后也辞职来支持他，于是两个人带着各自的5 000元开始了创业历程。

2013年年末，他们带着仅有的钱去各大产地寻找健康产品，由于资金太少，又没有和家里人说，他们只能坐最差的绿皮火车，住便宜的旅馆，甚至有时候为转车只能睡火车站，而到目的地之后为了省钱也是靠双腿走路。林浩说：“我们行走在荒山野岭之间，虽然很累但从不感到疲倦，在走访产地的同时也领略了祖国的大好风光。到目的地说明来意后，产品的生产者（农民）和供应商都对我们表示支持。于是我们有了发货渠道和联系人，回到安徽后，每次进货都从未掉链子，在此我们非常感谢他们。”

找好产品，回来之后他们便开始精心包装产品，经历了3个月时间，他们完成了产品的包装、上新、定位、定规格、发货等多个流程，此时仍然只有他们两个人。刚开始做时，客户少得可怜，他们不得不节省，很多时候只吃最便宜的大白菜。林浩说：“我们不觉得苦，因为只要有信念，行为就有意义，我们坚信健康的产品是现代人所需要的，所以即使一开始毫无收入，我们也不曾放弃。”终于功夫不负有心人，2014年7月，他们的店铺生意开始好转了，也许是厚积薄发，店铺一下子就忙起来了，受到了越来越多人的支持，团队人数也扩展到了4人。经过一年的努力，他们店铺的信誉从0变成了3皇冠，已经有了5万多笔交易，而且好评率超过99.8%，成绩足以超越大部分的老牌强店。

“一路走来，感谢所有支持和帮助我们的人，也感谢坚持梦想和不甘平凡的自己。接下来我们会更加努力，下一步要创立自己的品牌，以更高的要求来规范自己和产品，并扩展线下渠道，实施线下线上同步发展的战略，努力给更多的人带去绿色和健康，我们会一直加油！”林浩说。

韩　旭

安徽工程大学机电学院

韩旭，男，1993年生，安徽工程大学机电学院2013级动画影视后期专业本科生。2012年，韩旭及其团队成立了安徽舜能商贸有限公司，安徽舜能商贸有限公司是一家以销售为主的贸易公司，主要经营的项目是润滑材料销售。随着公司的不断扩展，后期又开展了皇家宝贝项目，包含儿童摄影、气球派对、婚礼庆典，公司人员相继学习新技能，既是销售小能手也是技能全能手，他们相信只要每个人都强大了，公司才会强大。

在谈到创业感想时，韩旭说："一开始，我是抱着试试看的态度，加上年轻的冲动创办了安徽舜能商贸有限公司。当时我邀请来了三个朋友，鉴于大家对我的信任，也有年轻人的梦想，我们一起奋斗。我们去天津学习了一个星期产品信息，也考察了工厂。之后我们凭着满腔热血开始实现我们的梦想。"

创业过程中，他们慢慢发现一切并不是想象中的那么完美，一次又一次失败，一次又一次被拒绝，一次次打压着他们的热情。两个月左右的时间，问题一个接一个地暴露出来，加上他们之前尚未充分认清市场，导致产品滞销。公司成立之初，由于职位分配不详细，职员之间逐渐出现分歧，各部门执行力度不够，职员工作懒散，并且公司的产品市场知名度不高，产品定位较为高端，市场难以接受。这一系列问题迫使他们不得不停下所有的销售工作，开始从内部进行整理。针对执行力度不够的问题，他们实行轮岗制度，每人任职15天后交换职务，找到最适合自己的职位，明确责任，并制定明确的奖罚制度。针对职员行为懒散的问题，他们实行考勤制度，开始按规定时间打卡。针对对市场认知不足的问题，他们开始发传单做活动，在滁州市加气站做出租车润滑油销售活动并借助出租车做宣传，另外他们还积极考察市场，了解市场对各种产品的需求量，合理备货。针对产品定位较高的问题，他们开始实行促销活动与分销商奖励制度，有效改变消费者心态。

韩旭说：“好的管理是公司的基础，明确目标是公司的动力，主心骨是公司的支柱，所以无论如何精神力量一定得存在。只要大家坚定目标，做好自己的事，朝着一个方向就一定能成功。当你付出了百分之九十只得到百分之十时你不能放弃。因为付出了剩下的百分之十你将获得百分之九十，所以黎明前总是黑暗的，当你在最困难的时候，你要坚信胜利就在前方，冷静下来找找问题，想想办法，笑一笑，没什么过不去的。”

张将将

安徽医学高等专科学校

张将将，男，1987年生，安徽医学高等专科学校2009级临床医学专业学生。2012年毕业后参加安徽省第五批大学生村官选聘，成为一名大学生村干部，在利辛县任职。

2013年8月，张将将成立了利辛县华鑫网业。该公司是一家专门从事筛网及滤布加工的网业公司，坐落于利辛县国际丝网城，交通十分便利。公司现总投资200多万元，第一年年产值达到180万元，为周边15位村民提供了就业岗位。该公司生产的筛网不同于一般网状产品，而是有严格的系列网孔尺寸，并且对物体颗粒进行分级、筛选，其功能符合行业、机构、标准认可的网状产品，主要用于药厂、洗煤厂、面粉厂、酒精厂、印染厂、化工厂的筛分、过滤、提留、制造颗粒等。

在谈到创业感想时，张将将说：“创业，说起来容易，做起来难。”他把“干给农民看、带着农民干、帮着农民富”作为自己的创业动力，率先带头投身创业大潮之中，希望自己能够成为成功的典范，从而通过自己的创业实践，影响一批人，带动一班人，致富一村人。经过市场调查与分析，他决定成立利辛县华鑫网业，初期投入资金100多万元，第一年的销售额达到180万元。在专业技能方面，他一直保持进取的精神状态，努力提升自身专业水平，不断提高创业的使命感和责任感，把所学融入创业中，用知识提高工作效率。经过多方努力，目前该企业已初具规模，生产车间面积500平方米，筛网机器36部，工人15人。在到河北、浙江以及山西等地考察后，为了扩大经营规模，2015年他又投入50万元，将过去的旧设备全部更换成新机器。创业不仅让他得到了经济利益，还很好地促进了村民的就业。

张将将说：“当村干部的三年，是我人生价值得到体现的三年，是我整体素质迅速提升的三年，也是我理想抱负得以施展的三年。我的工作热情，我的奉献精神，我的创业实绩都得到了村民们的认可。但这只是一个起点，绝不是终点，在接下来的日子里，我还有很长的路要走，我要让更多的人受益，尽可能多地贡献自己的力量，时刻牢记自己是一名为民服务的村干部！时光飞逝，只争朝夕。我真切地感受到新农村建设任重道远，也深感作为一名大学生村干部责任和使命的重大。因此以后的路我将走得更加坚定、更加积极。”

魏 然

合肥幼儿师范高等专科学校

魏然，女，1994年生，合肥幼儿师范高等专科学校2010级学前教育专业学生。

2013年年底，魏然先期投资50万元创建民办青洛小博士幼儿园。该幼儿园近期投资20万元进行扩容，现可同时容纳300名幼儿入学。校园按照规范化要求设置，集幼儿娱乐、文化艺术、优质保教为一体，以爱心服务家长为载体，努力建成本地规范化、高质量、高规格的民办幼儿园。2014年秋季，小博士幼儿园招收幼儿80名，2015年春季，招收幼儿200余名。目前，校园正步入良好的发展轨道，在爱心团队的不懈努力下，青洛小博士幼儿园获得了本地家长的良好口碑和上级部门的好评。

在谈到创业感想时，魏然说，自己心底一直有着一个梦想，那就是在家乡创办一所有规格、有规模、有特色的幼儿园。毕业后毅然放弃合肥多所幼儿园的邀请，选择投身家乡的幼儿教育事业，创办了青洛小博士幼儿园。

2014年，她在合肥科技大学附属幼儿园实习了3个月，实习结束后为了圆自己的梦，她决定创业。下了决心后，第一件事就是对家乡幼儿教育现状进行全面调查论证。她深入群众家庭及周边幼儿园调查，发现本地幼儿教育现状令人十分堪忧，主要存在以下几个方面的问题：一、办园规模较小、设施简陋；二、教学条件落后，小学化倾向明显；三、师资缺乏，办学规格较低；四、缺少和家长的互动，家园服务质量不高。这些造成家长们对高规格教育、高质量服务的幼儿园非常渴望。这就更坚定了她回家乡创业的决心。她当时就想："我发誓，我一定以我所学的专业知识，用最好的服务来回报社会、回报家乡父老，支持家乡幼儿教育事业！"

创业初期，她首先面临的是资金问题、办学场地问题、生源问题。好在父母大力支持她创业，为她四处筹集资金，还把自家的房屋腾出来给她创业办园使用。在家人的大力支持下，她坚持创业的决心更加坚定了。想到自己在人生的旅途中迈出了一大步，想到未来的日子里自己将会践行自己的人生梦想，心中的喜悦和激动油然而生。

创业期间，她付出了辛勤的汗水，也经历过无数不眠之夜，她深深地感觉到人生创业的不易。最担心的就是生源问题，能有多少孩子入园，她心里一直没底。为此她精心设计了幼儿园的招生宣传品，亲自到集市派发，甚至有一次在风雪中张贴宣传广告。经过精心准备，2014年3月，幼儿园开始招生了，第一学期只收了40个孩子。虽然与预期的效果有些落差，但是她心中并没有气馁。

如果说前期的创业准备是艰辛的，那么接下来的幼儿园教学工作更是艰苦的。在人们的目光中，一个乳臭未干的小丫头能否带好这些孩子，能否办好这个幼儿园，始终是将信将疑。在日常的教学中，她利用所学知识，使出浑身解数，利用老师的专业手段，很快便和孩子们打成一片，同时她的教学方法和形式，也让家长们眼前一亮。

她的用心经营和付出终于换来了回报，许多家长从孩子身上看到了可喜的变化，对幼儿园的教学和服务非常满意，从第二学期开始，来报名的家长应接不暇，入园幼儿不断增加，到了第三学期，人数更是突增至200多人。从两个老师，40个孩子，扩展到今天的200个孩子，魏然的爱心团队已经拥有十多名员工。她说："数字的演变，展示着我的创业轨迹，我的人生价值正在一步一步实现，我的努力正在改变家乡的教育状况，我付出，我满意，我无悔，我的青春正在绽放着美丽的光华。"

由于生源不断增加，2015年暑期，幼儿园又在重新投资扩建，魏然又有了新的目标，那就是在本地创办一所上规模、上档次的幼儿园，她的团队口号是："小博士幼儿园，孩子快乐的家园，理想的起点。"她说："初期的艰难历时有一年，现在的我，经过了许多顺境和逆境，虽然不知道在别人眼里算不算成功，但我更加自信和快乐，因为我学会了把远大的理想变成具体的奋斗目标，做好每一件事，快乐每一天。"

谢先锋

淮南联合大学

谢先锋，男，1990年生，淮南联合大学2011级电子商务专业学生。2013主持的“便携式多旋翼航拍无人机”项目参加第十五届中国国际高新技术成果交易会并受到各地客商及专业人士的一致好评，2014年获得淮南联合大学科技文化节特等奖。

2014年7月，谢先锋成立了酷奇航空科技公司。该公司在2014年8月创办项目子公司合肥云端航拍有限公司，并与中央电视台、新浪网、安徽电视台进行业务合作；2014年12月创办了“特种拍摄网”。公司团队现有骨干人员8人，并由10多所高校的老师和同学提供技术支持；团队总体结构可分为技术部、工程部、市场部三部分，其中技术部有优秀的算法工程师、硬件工程师及软件工程师等。公司主要从事无人飞行器的研发和销售，产品主要应用于影视航拍、农业植保、公安消防等。公司自主开发的“M-7”航拍飞行器和“天牛”农用植保飞行器受到了业内人士的一致好评。在营销方面，公司团队紧跟网络主流，提出了特种拍摄发展方案，以独特高技术的影视视角为目标，刻苦攻关，改进拍摄飞行器。其中高性能的飞行器可作为公司的产品用于销售，优秀的拍摄团队可用于高要求的影视拍摄，以此可以解决“做产品”和“做服务”各自的不足，实现共赢。目前公司团队获得实用新型专利5项：1种车载天线起落架（专利号ZL201320331501.9），1种防风广告牌（专利号ZL201321361834.6），1种适用于投影室的窗玻璃（专利号ZL201320355767.7），1种应急拖车（专利号ZL201320303366.7），1种被叫提示功能的对讲机（专利号ZL201320401707.4）。

在谈到创业感想时，谢先锋说，“创新赢天下，创业中国强”是母校创业孵化基地墙上的标语，作为创业者我们很自豪、很骄傲。一次偶然的机会和淮南电视台一位记者聊天，谢先锋认识了一种高科技的拍摄方法——航拍。自那以后，他及其团队成员夜以继日地在网上搜集各种资料，开始从生活费里凑钱买零件制作模型，一路走来磕磕碰碰。他们曾经天真地以为解决了飞行器技术问题就成功了，后来发现市场拓展又是一座大雪山。谢先锋及其团队队员们骑着自行车跑遍了淮南几乎所有的影视公司，向他们推荐自己的产品。功夫不负有心人，三年时间他们从学校宿舍走上了社会，从简单的婚礼拍摄到参与大型纪录片航拍。虽然艰苦，但每一次的挫折都让团队更加坚强，更加专业，也让他们比同龄人更快地成长。

谢先锋说："我们相信梦想，我们不精通世故圆滑，不埋没个性，我们还是那个真诚、善良、全力以赴的自己。我们团队凝聚在一起，将巨大的能量，投入伟大的梦想里。彼此学会承担责任和学会成长，保护团队的利益和成果，有原则，有担当！"

程　鹏

芜湖职业技术学院

程鹏，男，1993年生，芜湖职业技术学院2012级电子商务专业学生，曾荣获第九届“发明杯”全国高职高专创新创业大赛创业类一等奖。

2013年，程鹏创立了芜湖市豪鹏电子商务有限公司，2015年3月，该公司升级为安徽豪鹏网络技术有限公司（简称“豪鹏”）。安徽豪鹏网络技术有限公司是利用网络自有B2C品牌销售的现代化新型企业，营业范围主要包括男鞋和各类服装、饰品，产品活跃于国内和国外两个市场。国内主要以男鞋为主开发国内潮流男士皮鞋市场，紧跟国内潮流，主推的自主品牌为“李莱尔顿”，2014年品牌在淘宝网销售额突破1 200万元；国外市场出口业务于2014年5月正式上线，当月出口额两万美元，主要出口国家为俄罗斯、巴西等全球一百多个国家。截至目前，豪鹏电商已经成为芜湖跨境电子商务贸易商的领头羊。安徽卫视、芜湖教育电视台、芜湖日报等多个省市级媒体对其事迹进行了报道。

在谈到创业感想时，程鹏说，从2012年到2015年，豪鹏一路走来已有四个年头。从最早的一间出租屋到现在的一百多平方米的办公室，从最初的单打独斗到现在的团队合作，豪鹏正以一个创新型互联网电商的形象和随时迎接挑战的阳光姿态茁壮成长着。“作为豪鹏的总负责人，在此，我要感谢学校和政府一直以来对我们的支持，感谢我们创业团队的每一位成员，感谢社会各界朋友一直以来对豪鹏的关心、关注与支持。”

2013年，大学生网络创业刚刚兴起，程鹏作为一个怀揣着创业梦想的年轻人，用自己仅有的积蓄注册了豪鹏。那时候，一个人，一间出租屋，一些价格低廉的小商品就是豪鹏的一切。那也是程鹏创业历程中最艰辛的时候，收货、打包、发货、做账，都是他一人做。“当时一个月能做出四五万元的营业额，至今思来，没有泪水，只有感恩。感谢那个时候的自己，始终坚持着梦想没有放弃。这段经历是我人生的宝贵财富，它告诉我不管到什么时候，为了梦想都不能放弃，这个品质也注定会成为豪鹏人不断向前进取的内在信念。”不久，伴随互联网发展的东风，豪鹏应弋江区政府的邀请入驻弋江区与芜湖职业技术学院共建的创业孵化园进行孵化。正是由于政府的扶持、学校的支持，公司才能得到更好的发展，大二期间一年能够做到一千万元的营业额，是他以前想也不敢想的。目前，程鹏还注册了“斐牧”商标，豪鹏逐渐成长为一家初具规模的电子商务公司。

时光荏苒，最初的创业梦想已生根发芽，枝繁叶茂。从个人打拼至团队合作，从零散销售到服务核心商家，程鹏及其团队取得的每一点进步都离不开豪鹏人的努力和拼搏。对于豪鹏人来说，他们积累下来的最大财富不是行业中的荣誉，也不是快速增长的销售业绩，而是他们拥有一支能共同面对困难和挑战而不断进取、不断成长、不断创新的团队。

“我只想再次对我们这个团队的每一个人说一声谢谢，没有你们和我一起共同坚守创业梦，也就没有豪鹏的今天。豪鹏的梦已经初步实现，我深深地觉得，我们有能力，也有责任，为更多的创业青年提供实现梦想的广阔平台。我们随时欢迎社会各界有想法、有才干的优秀毕业生和优秀人士加入我们；对于想创业的青年，豪鹏也将会不遗余力给予创业指导。豪鹏将为所有有创业梦的青年提供帮助，实现我的豪鹏梦，他们的青年梦，我们大家的中国梦！”

郭亚杰

芜湖职业技术学院

郭亚杰，男，1991年生，芜湖职业技术学院2010级电气自动化专业学生。

2013年11月，郭亚杰创立了芜湖亿淘商贸有限责任公司。该公司是集毛绒玩具的开发设计、订制销售于一体的商贸型公司，注册资金50万元。公司位于安徽省芜湖市鸠江区芜湖职业技术学院大学生创业园内，现有员工10人。公司拥有自主品牌“皮皮福”1个，主要产品有泰迪熊和哈士奇系列毛绒玩具、新型公仔模型、抱枕、靠枕、创意布娃娃系列等布艺类产品，并持有部分专利产品。公司拥有多个电子商务销售渠道——天猫旗舰店、京东旗舰店、阿里巴巴诚信通、特卖商城以及淘宝C店若干个，销售业绩平稳上升，发展势头良好，年销售额约300万元。

在谈到创业感想时，郭亚杰用“真的猛士，敢于直面惨淡的人生，敢于正视淋漓的鲜血”这样一句话形容大学生创业人生，乍一听夸张了些，但并不为过。郭亚杰出生于安徽省界首市一个世代为师的家庭，平淡的生活和倔强的性格给了他一颗不安分的心，内心流淌着对创业的渴盼与期待。他酷爱做生意，高中时经常到广场摆地摊卖一些数码产品，希望有一天成为一个能赚很多钱的商人。2010年，郭亚杰以自主招生的形式考进芜湖职业技术学院电气工程系。2012年，芜湖职业技术学院大学生创业园建成，郭亚杰在芜湖职业技术学院电气工程系书记的推荐下，有幸成为第一批入园的创业者，并得到学院及创业园领导支持，免去房租等费用。

当然，一个人的创业之路是很困难的，比如说前期的资金问题。大学生创业零起点，没钱没人缺乏创业经验。在多次劝说家人之后，郭亚杰终于凑齐了7万元的启动资金，成功与阿里巴巴签了人生第一个合同，创业也慢慢地步入正轨。2013年8月，郭亚杰成立了自己的团队，并一步步成功将天猫服务站复制到校外，先后成功在校外小区成立了波尔卡天猫服务站和北城水岸天猫服务站。2013年11月，他携同合作伙伴用天猫服务站和淘宝代购点的积蓄以及团队的资金支持共50万元创建了芜湖亿淘商贸有限责任公司，并创建了自己的毛绒玩具品牌“皮皮福”，准备扩大线上销售。然而5个淘宝店因为产品专利版权问题遭受巨大损失，公司直接亏损8万余元。之后公司团队做出一个艰难的决定——重启所有淘宝店铺，正式进军天猫平台，并联系扬州、河北的供货商，合作推出自己的产品，而且申请了专利保护，拿到了相关产品的销售权，并确保产品有足够的利润。团队中每个人都很辛苦，也非常努力，从拍摄产品到产品下单订制、推广、包装，无不留下了队员们的汗水与心血，吃饭都是叫外卖，经常加班到凌晨四五点钟。虽仍然有难题接二连三地出现，但他们有一颗坚忍不拔的心，去支撑，去挑战……现在“皮皮福”产品已经有多个销售平台，每天发货量400件左右。未来似乎很美好，但必须经过一段段布满荆棘的创业之路。“团队、责任、态度、挑战、时间、细节”，郭亚杰一直以此12字来约束自己，并激励团队向前发展。

郭亚杰说：“在我们看来，目前的成绩既是一种肯定，更是一种鞭策。‘真的猛士，敢于直面惨淡的人生，敢于正视淋漓的鲜血。’我将以这句话为座右铭，带着我的团队伙伴们一路执著地走向未知的明天。”

王成龙

六安职业技术学院

王成龙，男，1992年生，六安职业技术学院2011级汽车运用技术专业学生。

俗话说："穷人家的孩子早当家。"王成龙考上了大学，但是家里支付不起高昂的学费，是助学贷款解决了王成龙一家人的燃眉之急。从那一刻起，王成龙决定不能再向父母要钱，为了减轻父母的负担，也为了自己更早地了解社会，王成龙在家里算了两笔账，一笔是时间账，另一笔是金钱账：大学三年下来，有2个暑假、3个寒假、3个"五一"、3个"十一"、3个元旦，还有周六、周日，课余时间算下来多达400天，几乎一年多的时间，要是能充分利用这些时间锻炼自己，以后不就有很多创业经验了？

于是王成龙向亲戚东拼西凑，借了八千块钱去试图自主创业，丝毫没有创业经验的他首先想到了下乡承包"村村通卫星电视工程"。王成龙的诚恳打动了对方，对方一次性让他承包了8个乡村。他不怕辛苦挨家挨户地跑，受到了广大农民朋友的高度赞赏，与此同时，王成龙又了解到农村文化活动对一些经典黄梅戏曲的需求，于是他批发了200多个装有TF卡的唱戏机，悉心下载戏曲，精心给农民朋友讲解如何使用，于是这种唱戏机在农村畅销一时。通过将近两个月的努力，王成龙得到了通过自己双手挣得的"第一桶金"。凭借着自己的爱好和高中三年学习的机电专业知识，不久，王成龙在当地的县城便开起了一家数码店。

王成龙的认真钻研精神使他经营了不少项目：智能手机销售及维修、手机贴膜及外表翻新、电脑组装及维修、打印机安装及维修、卫星电视安装及维修、空调搬迁、监控安装等诸多当代热门项目，所有这些业务，都是王成龙一个人做的。王成龙说："我只发挥自己的特长，我只搞厂家直销。'只赚厂家的钱，不赚大学生和老百姓的钱'是我创业的宗旨。被人称作'王总'的我名副其实，因为作为龙腾智多星数码科技城总经理的我，一年营业额超过20万元。"

在王成龙眼里，创业之路虽然艰辛，可是他很享受这个过程。王成龙坚信：思路决定出路。在创业的同时，王成龙根据自己的实战经验，不断地向辅导员老师请教，还多次参加各项创业类比赛。2012年11月，王成龙荣获"六安职业技术学院第二届大学生创业大赛"二等奖；2012年12月荣获北京市华普亿方软件科技有限公司"领航者"创业培训合格证；2013年1月荣获"机电工程系大学生创业计划设计比赛"一等奖等多项荣誉。

大三时，王成龙本应该在校外的企业实习，但他按捺不住那颗充满创业激情的心，经过一年多的艰辛历程，王成龙现在在安徽合肥创办起了安徽威格汽车服务有限公司，通过将近半年的业务拓展、线下考察，现拥有安徽省各大县市代理商，他的产品遍布整个安徽，计划将销售网络遍及整个长三角地区。通过互联网对外销售，建立起首家O2O销售模式，既给线下实体店带来生意，也为今后的发展打下扎实的基础，王成龙本着"质量为先、信誉为重、管理为本、服务为诚"的企业宗旨努力前进！

王成龙说："卧薪尝胆，只为理想前行！"

何 俊

合肥职业技术学院

何俊，女，1992年生，合肥职业技术学院2012级旅游管理专业学生。

何俊来自一个农村的贫困家庭，从小跟着外公、外婆长大，自懂事起父母就带着弟弟在外地打工，家里生活拮据，欠了不少债务。早点自食其力，减轻父母的负担，一直是她的心愿。

在合肥职业技术学院学习期间，何俊在学院鼓励下，在校大学生自主创业的氛围下，经过职业生涯规划课程的学习，她对自己的人生作了很好的规划。2014年6月，她果断地选择了创业，申请注册了宿松县尚善跆拳道馆。该馆立足于安庆市周边城市开展业务。一年来，已在安庆市的宿松、岳西、太湖三县创办了4家“尚善跆拳道教育馆”，共有教练员10名（不含兼职），平均每馆年营业额为60万元左右。目前已培训学员600多人，提供就业岗位35个，获得了较好的经济效益和社会效益。

从课堂上尝试规划自己的职业生涯，到毅然走上创业之路，并非一朝一夕。两年在校大学生活的成长和积淀，增添了何俊的自信，加上她自幼习武，并热衷于跆拳道和双节棍，这些都成为她创业的基础。

2014年6月离校实习前，何俊放弃了学校安排在杭州五星级酒店、旅行社的实习机会，决定创建一家跆拳道馆，干一番自己热爱的事业。创业的路每一步都很艰辛。首先从市场调研开始。随着互联网的发展，科技的进步，职业种类的变化会越来越大，只有健康是人们永远都需要的，尤其是在物质生活水平提高的今天。通过调研和网络数据分析，她认为：面向青少年创建跆拳道教育馆，应该有市场，一方面它可以强身健体、锻炼品质，另一方面在孩子升学考试方面也有帮助。

开设一家跆拳道馆，首先面临的就是资金问题，当时她还是一个刚刚实习的学生，何来资金创业？于是她将想法告诉了父母，父母听了她的一番筹划后很支持，便帮她想办法，向家里的亲戚朋友借了10万元。在此之前也想过创业贷款，但是由于拨款时间较长，学生们暑假在即，开设跆拳道馆的最佳时机不能错过，所以只好借钱创业。然后就是装潢和宣传问题，对于一个旅游管理专业的学生来说，对装潢真是一窍不通，但是跆拳道馆有它的装潢风格，于是上网查、去其他道馆学习。装修时，她每天亲自监督和检查；宣传就去广告公司做宣传单页、KT板、横幅、发光字、X展架、背景墙等。跆拳道馆刚运行时不太顺利，但是慢慢地得到了改善。何俊告诉我们，现在已经有竞争对手开始模仿何俊的跆拳道馆了，这说明她做得还不错，值得高兴。在办馆的过程中，何俊借助网络、微信等平台，让学员和家长足不出户就可以了解跆拳道馆的位置、设施及专业等情况。每周四和周日都是跆拳道馆公众微信更新的日子，内容一般都是业务介绍和宣传，如每期的学员报名活动，各地的比赛事项、春游、秋游、夏令营、特训班、亲子班活动以及每期的晋级考试时间、地点、补考名单等，他们还随时接受各位学员及家长的意见和建议。网站每天都会有专职人员管理，查看是否有人咨询，跆拳道馆每期活动信息是否更新，网页的设计创新怎样更醒目，以及浏览人次和大众的评论等。跆拳道馆在不断地改善，不断地进步，紧紧跟上时代的步伐。

跆拳道馆成立的初期，本来计划招收120名学员，结果比预期好，很快就招了160多名。由于场地有限，为保障教学质量，打造品牌，后来的很多学员都没收。这一结果令何俊很兴奋，没有被强大的竞争力击垮。两个月的暑假结束后营业额就有20万元左右。但是问题又来了，由于没有经验，第一次进的服装有一些问题，有个别家长反映有掉色情况。为了长期发展和跆拳道馆的信誉问题，何俊决定重新换个厂家再订制一批服装。有了前车之鉴，这次何俊要求看样品，看完样品后，又订了300套。虽然浪费了不少钱，但是何俊没有气馁，决定把这些浪费的服装利用起来，用来给上免费体验课的学员试穿，这样既提高了他们的专业性，也提高了他们的兴趣。暑假结束了，不代表他们的工作结束了，要对暑假学员进行晋级考试，又要开始常年班的招生……满满的都是任务，让何俊感到很充实，很有干劲。

时间在流逝，何俊的事业也在一步一步发展。经过一年来的打拼，她充分认识到只有准确把握市场的脉搏，才能越走越远。一年来，每一天都在忙碌中度过，正是这每一天的忙碌和努力，让她取得了拥有四个跆拳道教育馆的成绩，培训学员也超过600名。

储昭源

滁州职业技术学院

储昭源，男，1991年生，2013年毕业于滁州职业技术学院计算机辅助设计与制造专业。

2010年9月，储昭源从岳西县（全国贫困县）考入滁州职业技术学院。2012年年初，储昭源创办了安徽清风电脑耗材销售部，年营业额150多万元。2013年5月国务院副总理刘延东在安徽考察医改工作时，专程到滁州职业技术学院考察大学生创业工作，对他的创业精神给予充分肯定。

大学期间，当别人还在上网打游戏或外出爬山游水时，他却在努力学习专业技能。储昭源所学的计算机辅助设计与制造专业，看似计算机类专业，实际上是机械设计制作方面的专业。储昭源希望自己在这方面有所突破，大一时他自学完成了网页设计课程，学会了电脑维修技术，为他后来创业奠定了基础。大二时他又自学了市场营销和会计学相关专业知识。经过两年的不断摸索和锻炼，他不仅掌握了本专业的知识和技能，还掌握了网络技术及市场经济学等学科知识。一次，同学电脑出了故障，他在旁边自告奋勇地说："我帮你修！"同学将信将疑，没想到他很快排除了故障。打这以后，谁的电脑出了问题，他就免费帮助大家维修，渐渐地他成了校园里小有名气的"电脑通"。

储昭源所在的滁州职业技术学院有着浓厚的创业氛围，开展了一系列创新创业教育，曾在2012年被安徽省教育厅命名为"全省大学生创新创业教育示范校"，储昭源也有幸参加了学校组织的一系列创业教育。有了一定的知识和资金的积累，储昭源渐渐不再满足于在宿舍做零星的买卖，开始寻找更大的商机。恰巧此时他所在的滁州职业技术学院正在筹建大学生创业孵化基地，免费为学生提供创业实践平台。闻讯后，储昭源立即和老师谈了自己想创业的想法，并得到老师的鼓励和支持。2012年4月，储昭源带领的清风团队成为第一批入驻的20个创业团队之一。凭借着对电脑耗材产品和市场的了解，储昭源正式创办了一家属于自己的企业——滁州清风电脑耗材销售部。公司主要经营电子产品、电脑耗材以及电脑维修。储昭源说，在宿舍推销商品时，就发现学生对电子产品和电脑耗材需求量大，由于学校离市区较远，同学们购买该类产品不方便；电脑一旦出问题，到市区维修成本高。于是，这些“不便”为储昭源带来了巨大的商机，当然不容错过。

打江山容易，守江山难。企业成立了，如何站稳脚，如何在激烈的竞争中抢占市场，一系列问题摆在储昭源面前。第一，要想提高利润，就得从货源上下工夫。通过多种渠道，储昭源获悉广州是中国最大电子产品市场。于是，储昭源和伙伴跑到广州考察电子产品市场，整整待了一个星期。他们深入生产车间，了解生产流程，物色优质供货商。厂家直接供货，缩短了供应链，降低了成本，提高了竞争力。第二，是如何拓宽销售渠道。经过谋划，储昭源和他的同学合作在六安某高校创办了第二家店。此外，储昭源在立足滁州职业技术学院的同时，还积极开拓校外市场，与市区一些电脑耗材店合作，为其提供货源，开拓批发业务。经过一年的摸爬滚打，清风科技每月营业额由最初2万元增加到17万元。

2013年5月22日，在安徽考察的国务院副总理刘延东专程来滁州职业技术学院，调研大学生创新创业工作，同时看望了储昭源和他的创业团队，对他的创业精神给予充分肯定和鼓励。随后，国家人力资源和社会保障部副部长信长星、全国总工会副主席段敦厚、安徽省前省委书记张宝顺、教育厅厅长程艺、教育厅副厅长杨德林等多位领导先后来到储昭源的公司视察，对储昭源的创业精神大加赞赏。信长星说：“小伙子有勇有谋，创业很成功。”并希望储昭源把握好国家鼓励创业的优惠政策，大胆创业，下决心发展壮大。

储昭源认为创业不仅仅为自己带来经验积累和财富，更重要的是，他激励了身边的一帮同学也投身到创业中来，并鼓励创业遇到挫折的大学生要勇敢面对，记住老师经常对他说的话：办法总比困难多。

刘　强

池州职业技术学院

刘强，男，1989年生，2011年毕业于池州职业技术学院动物防疫与检疫专业。2012年年初回家创业，大力发展黑猪养殖业。在镇政府和农委各部门的全力支持下，承包了200亩山林，筹借资金100万元，建立黑猪养殖基地，并于2012年6月成立安徽省康源农业发展有限公司，经营范围主要从事黑猪养殖、销售等各种相关产业。

农产品质量安全越来越受到人们的普遍关注。提高农产品质量、保障农产品安全，提高人民生活质量，不仅关系人民群众身体健康和生命安全，也是提高农业效益、增加农民收入的需要。刘强畜牧专业毕业，先后在江浙沿海发达地区从事畜牧养殖管理工作，在全面了解本行业养殖情况及市场需求后，催生回乡进行自主生态绿色养殖的创业打算。

2012年4月开始进行初步场地建设、首批生猪养殖，经过一年多的发展，通过首批生猪款回收、银行贷款、亲朋借贷等形式，2013年初步投资达45万左右。目前已有养殖厂房面积1 300平方米、水面养殖10亩、仔猪存栏400头（自行繁殖）、沼气池280立方米、生活办公区面积240平方米。

2013年在农委及畜牧局等相关部门的帮助下，他们完善养殖基础设施建设，初步建成猪舍7栋，包括种猪栏、分娩舍、保育舍、育肥栏（2栋）、隔离舍，另建有生猪运动场60亩。同时发展了饲料作物种植面积85亩。年底前初步形成年出栏1 000头生产规模。2013年，他们顺利签约农户32户，带领他们一起走上致富的道路。公司坚持合作经营，对成员实行“五统一”，既统一规模管理，以便做大做强；统一采购饲料，以便降低经营成本；统一购买兽药，预防管理，以便提高防治效果；统一技术培训，以便提高产品品质；

统一共担风险，以便提高承担风险的责任和能力，并完成“痴嘿猪”商标注册。就在这一年他们的努力也得到镇政府的认可，并被授予“农村致富带头人”的称号。

2014年，为了更好地保护合作成员的利益，他们对外进一步开发市场。镇政府特意协调畜牧局、农委等部门定期给予技术指导与支持。为此，他们可以大胆进行市场开发和品牌建设，更好地完善产品体系建设，同时做好市场定位与销售。

品牌建设兴特色。他们抓住居民对食品安全、食品质量的日益关心心理，城乡居民渴望纯天然、无污染优质食品的需求，公司将严把质量关，形成独具特色的生态养殖模式，始终坚持“高标准、严要求”的养殖观念，注册“皖乡黑猪”商标，加强“痴嘿猪”品牌建设和推广力度。

产品体系壮整体。加强生猪绿色养殖，建设以黑猪为主的深加工，形成鲜肉、冷冻产品、烟熏肉类、火腿等肉类体系。

市场定位促发展。本公司产品定位于发达地区及本地周边中高收入人群，以有机、绿色、无污染特点进行宣传推广，以丰富的产品体系、高标准的质量、特色服务、价格适中为卖点。

经济效益显著。2014年公司拥有基地300亩，在32户签约农户、13名企业员工共同努力下，企业拥有资产290多万元，其中固定资产130万元，年产值380万元。

生态效益明显。公司坚持生态养殖，在发展经济的同时也保护了当地的生态环境，同时促进当地旅游的发展。

社会效益增强。一是公司为消费者提供了安全、有机绿色食品，让百姓吃得健康、吃得放心，同时带动太湖本地相关绿色农副渔产品的销售；二是公司养殖规模的扩大吸收了一定的就业人口，给周边百姓带来增收；三是市场业务的扩展，带动了农产品经销商及超市、连锁、餐饮的发展，带来了市场的繁荣。对于未来的展望，刘强说：“我们希望在对内养殖基地建设上有进一步的提高，同时进一步开发更好的产品。”

张伟伟

安徽职业技术学院

张伟伟，男，1985年生，2010年毕业于安徽职业技术学院。2011年，张伟伟和其他四人成立了合肥若鱼信息科技有限责任公司。

每一个男孩子都有一个军旅梦，每一个大学生都有一个创业梦。

2008年，还在大学读书的张伟伟便拥有了一个创业的梦想，那时候，别人谈恋爱、玩游戏、睡懒觉，他的小团队却整天整夜在图书馆和实验室查资料、调电路、写程序，只因为他们内心躁动的“创业梦”。

2011年，刚刚毕业一年的他们便开启了创业之旅。创业初期，他们的经验极度不足，除了掌握一些专业技术知识以外，其他与企业经营相关的知识几乎一窍不通。为此，他们付出了惨痛的代价，企业一度濒临倒闭。那时的他们才明白：创业的道路上，仅仅依靠一腔热情远远不够。于是，不懂营销，他们自学营销课程；不懂管理，他们自学管理知识；不懂财务，他们自学财务知识……一路磕磕绊绊，直到2013年公司才逐步走上正轨。

2014年，整个电子产品和自动化控制设备开发市场开始萎靡，技术储备不足的他们经受的冲击最大。他们详细审视了自己的业务水平，决定从当初的技术开发向公民生活服务的方向转变。当时，雾霾成为全民最关注的问题之一。于是，他们详细分析了市场上的空气处理设备，最终决定与松下合作，代理“松下环境系统”在合肥的销售、设计、安装及服务等业务，成功实现了从技术开发到舒适家居设备销售与服务的转型。5月，公司成立“电商服务部”，与“舒适100网”签约，借助“舒适100网”这个O2O模式的电商平台，实现了从线下到线上的跨越，业务范围也从单纯的环境设备销售扩大到涵盖中央空调、家庭采暖、新风系统、中央净水、光伏发电以及智能家居等全套舒适家居系统集成业务。

如今，公司舒适家居集成业务有条不紊，原有的技术开发业务也在蓬勃发展。张伟伟他们也都从当初的毛头小子成长为公司各个部门的负责人和顶梁柱。

张伟伟颇有感慨地说：“回想这么多年的创业历程，经历的所有艰辛、挫折与失败都不曾让我们放弃当初创业的梦想，是坚定的信念、客观的态度和不懈的努力陪我们一路走来，与我们共同成长。”

李 威

安徽商贸职业技术学院

李威，男，1990年生，2011年毕业于安徽商贸职业技术学院。2013年，李威带领他的团队成立了芜湖埠威电子商务有限公司，专门从事汽车增值产品销售、汽车实体服务和汽车使用咨询业务。

李威从小就对经商和金融非常感兴趣，只因为家庭的一些变故，生活得很波折。但是他始终知道自己的爱好与理想是什么，他希望能通过自己的努力，能改变生活的现状。

李威热爱数码，热爱互联网，喜欢接触新鲜的事物，接触网购的时间也比较早。他一满18周岁就毫不犹豫地在网上开设网店，销售数码3C产品。李威说："当时真的是一切从零开始，我不懂市场，不懂销售，没有资本，只有对数码3C产品的热爱和了解。我没有仓库，没有交通工具，同班同学的宿舍里都放了我的货物。我每次提货都要挤公交车，再自己抱着箱子走2千米，有时候天气不好，我都不知道该如何是好。有时候累了，就找收废品的奶奶用三轮车把我从物流公司送到公交车站，公交车上人特别多，很挤，那时候我很疯狂，也很天真。"

在学校做了一年多，从最初的亏本到一个月利润三四千元，然后到了七千多元，到后来还没毕业，一个月的利润有10 000多元。当时的李威真的只有开心，而且想要做得更好，没有一点骄傲，不满足于这一点业绩，他要做到让所有的人都认可！他要做一个属于蚌埠人的知名品牌！

要说启发，其实也是经验的一种，就是坚持。撞得头破血流的时候，也要向前冲，很多人都说方向错了，再头破血流也不行！但是李威从没有这样想过，他觉得：现在这个时代创业的机会真的很多，如果我撞得头破血流之后停下来了，那才可以理解为选错方向了。如果我没有停下来，谁也不能说我的方向错了。车到山前必有路。头破血流前面还有无数个头破血流，我们创业一直都是如此，只要不放弃，方向一定会越来越清晰。坚持，坚持！当然，在头破血流的时候一定要思考，总结经验。这才能让我们少一些头破血流。

李威是一个疯狂的人，他的团队非常团结，李威相信他们一定会越做越好。他们明白没有什么事情能很容易做好，所以需要保持良好心态。“心态放正，努力做事，认真思考，持之以恒，事情总会成功！”这就是李威的人生座右铭。

孙　群

安徽警官职业学院

孙群，男，1994年生，现就读于安徽警官职业学院2013级计算机网络技术专业。2015年，孙群带领他的团队注册成立了芜湖艺顺文化传媒有限公司。

“没有等来的成功，只有拼出来的辉煌！”

不知道何时，无意间听到这句话，于是，它变成了孙群的座右铭，也顺理成章地成了孙群公司的口号。

2013年9月，孙群踏进了安徽警官职业学院，这是能让人梦想开始的地方，每天的训练，警务化的管理制度，让他的生活变得严谨。然而，孙群想在大学生活中做点让自己快乐的事——他是一个热爱参与各种活动的人。孙群参加了学校的计算机协会，利用自己学习的专业知识，教更多的人去认识、使用计算机。

大一的寒假，孙群有幸接触了“人力资源”课程。短短的一个月，他学到了很多很多。孙群的第一笔单子就是和淘宝电商食品类销量第一的芜湖企业“三只松鼠”合作。孙群激动地说：“从跟‘三只松鼠’接触的第一天开始，我就时常深入淘宝电商食品销量第一的工厂，多么让人兴奋！二十四小时的工作状态，每一条生产线都那么有激情。这一切，都让我深深感受到了企业的文化底蕴多么让人寻味，每一个企业员工的前期培训多么重要！”

时间推移到2015年的上半年，一腔热情的孙群，最大的愿望就是能做一名企业的管理层人员。于是，他当机立断地参加了企业人力资源管理师的培训。走进班级的那一刻，孙群发现跟他同班的都是比他大十几岁的叔叔、阿姨们。在接下来的日子里年纪轻轻的他，不仅受到了他们的照顾，还获得了最新的理念，受益匪浅。

大二的暑假，他终于按捺不住内心的澎湃——“我要开公司！”没想到的是，首先反对的竟然是他的父母，他们一心想让孙群参加国考，然后拥有一份稳定的职业。他真的很失落，原本以为自己的想法能在第一时间得到父母的支持。孙群暗下决心：一定要做出自己的成绩！

创业的第一步，注册公司。营业执照等手续迟迟办不下来，孙群就一趟一趟地往税务局、工商管理局跑，功夫不负有心人，营业执照下来了，办公室租到了，要开业啦！

很快孙群他们有了自己的第一个项目，拿到了全国性赛事的芜湖地区总执行。因为年龄的缘故，很多人质疑他所在公司的执行能力，觉得他们太稚嫩，做不了这么大的赛事。他们没有气馁，做了一份又一份的策划方案，改了很多次，一次次地给客户看他们的方案，一遍又一遍地去耐心讲解……即使吃到闭门羹，他们也一次一次上门拜访……最终，他们的毅力和能力证明了他们的实力。招商半个月时间，他们整合了芜湖市40多家网咖进行合作，联系了多家商业综合体，签订了40多份合作协议书或合同……活动按照他们的计划一步步完成，为期两个月的活动，没有一个人有丝毫懈怠之心，每个人都全力以赴地去完成每一个计划。

孙群这样告诉我们：“我坚信，只要脚踏实地地走好每一步，公司一定会蓬勃发展，有朝一日，必定辉煌！坚信自己，没有等来的成功，只有拼出来的辉煌！”

李　军

安徽工商职业学院

李军，男，1988年生，2010年毕业于安徽工商职业学院。2011年，李军和他的朋友们注册成立了合肥颜道化妆品有限公司。

创业之初，李军团队的期望就是让颜道公司成为“安徽化妆品行业代理商第一品牌”。这条路很漫长，很艰难，但是李军他们不放弃，知难而上，因为他们有着不可动摇的梦想！

李军学的是会计专业，在毕业之初，他找到了芜湖楚江集团的森海高新事业部的财务工作作为自己的实习平台。这是一个专业对口的工作，集团也是个正规的大企业，就算只是财务部，工作的划分也是相当清楚，有专门的成本会计、税务会计等。刚入门的他，只做出纳，工作十分清闲，待遇也令人满意，但内心的梦想却使他坐立不安。李军开始积极主动地去学习其他会计的工作，和周围经验丰富的老会计们处好关系，他们也开始乐意教李军一些东西。渐渐地，李军熟悉了整体的财务工作流程，他知道：不能再等了，是时候凭自己的双手去实现梦想了！出发吧！

当然，创业不能盲目冲动。李军研究了大量的创业项目，就市场前景等综合因素考虑，最后选择了去做化妆品行业的代理商。那初始资金要怎么解决呢？他开始和亲戚朋友们诉说他的梦想和计划，得到了许多的鼓励和支持，在大家的帮助下，他终于筹集了50万元的初始资金。接下来，就是寻找“战友”，他想起了大学时期宿舍的“铁哥们”。大家听了他的想法，无一例外地都表示支持，这也让李军深受感动，特别是熊磊，放弃了他当时收入优厚的销售工作，义无反顾地过来帮李军，这才是好兄弟！现在只欠东风了！

说到化妆品的品牌，第一个要去的地方必然是品牌的聚集地——广州。

李军一行人打算先到广州走一遭，实地看一看，选一个合适的厂家和合适的品牌。当时，为了省钱，他们坐了一天的绿皮火车，经过了长时间的颠簸，终于抵达了广州。左挑右选之后，他们选择了“白雪映象”这个药妆品牌。以中药养生为理念是今后护肤的走向，虽然目前这个品牌没有知名度，但不缺乏卖点。他们对这个品牌有信心。

但是，要怎样开拓市场呢？他们一头扎进省内各个地方，开始去了解他们所遇到的每一家化妆品店老板的想法。以“白雪映象”现有的单品和系列，他们准备从B类店和C类店入手，最初以铺货的形式，产品进店之后开始促销活动，卖出产品再回款，先打下客户基础，一步一步慢慢拓展。就这样，他们的生意渐渐有了起色，于是他们在合肥滨湖区租下了一个办公室。随着更多同学的加入，他们产生了无限的动力！

后来，安徽工商职业学院的校领导知道了李军的创业情况，对他表示了大力的支持，他们不仅得到了安徽省政府的重视，成为“重点扶植企业”，还获得了一定的无息贷款。学校推荐过来的学弟学妹们，不仅优秀而且踏实努力，这让李军的团队更加团结与稳定。在合肥市人力资源与社会保障局的帮助下，他们搬迁到了庐阳区百帮创业基地，这更让他们抱着感激之情，没有后顾之忧地努力工作着。

随着客户不断增多，他们遇到了发展瓶颈，不是所有的地区、所有的店家都能够适应“白雪映象”这个品牌，那该怎样继续去扩大他们的客户基础呢？

他们开始考虑接受其他的品牌，机会往往是留给有准备的人，他们遇到了“韩伊”。接下这个品牌，李军知道公司要真正开始成长了！

不出所料，“韩伊”推向市场之后的反应非常好，李军的客户数量也开始不断增加，随着1年2次的品牌招商会，他们将“韩伊”在安徽省的市场做得越来越红火，也得到了厂家的重视与支持。在这之后，他们又陆续接手了“蔻诗弥”“梦克拉”等品牌，真正实现了品牌的多元化。

李军被评为合肥市“创业领头人”。在2014年的上海美博会上，颜道公司的自营连锁也被中国美妆授予了“百强连锁”的称号！种种奖励与荣誉，带给了李军团队更为强大的动力！就在2015年，他们成功举办了“韩伊”代言人——林志颖群星演唱会。

成功的道路总是曲折的，团队也在不断调整，但他们有毅力、有动力在挫折中学习教训，在教训中不断成长！他们知道：通过自己的努力，公司必定会走上一个崭新的平台！

李荣军

安徽工商职业学院

李荣军，男，1988年生，2011年毕业于安徽工商职业学院。2012年，李荣军注册成立了义乌欧德进出口有限公司。

2015年，李荣军已经创业3年了，回过头来看看这3年的创业经历，还是有很多很深的感触。

2012年8月24日，李荣军正式注册了义乌欧德进出口有限公司，在拿到公司的营业执照以后，他就开始筹备公司的正式运营。在筹备期间，李荣军招聘了1名业务主管，1名外贸业务员和1名物流人员，开始了公司的试运营。在试运营期间，对于业务操作流程和新客户发展等方面出现的问题，李荣军及时地予以调整和改动。

2013年3月22日，义乌欧德进出口有限公司正式开业，随之公司的各项工作也进入了发展阶段。通过试营业，李荣军完善了公司相关的报关、商检、仓储、物流、单证、采购、结算等业务能力，从而能够更好地为来自世界各地的采购商服务。

2013年10月4日，公司改变了单纯的展示厅销售模式，开始向符合义乌外贸的模式发展。李荣军在义乌市国际商贸城开设了营销店铺，让他们的产品更加直接地面对各国的采购商，从而为公司的新客户发展带来了一次机会。与此同时，为了公司更好地发展，李荣军的公司加入了义乌市安徽商会，并成为商会的理事会成员。在加入商会以后，他们拥有了更加广阔的发展平台，也拥有了向更多、更优秀的成功企业家学习经商之道的机会。

与此同时，李荣军的团队更加注重产品的创新和研发，针对不同的国家和市场，他们研发不同的新产品，并在第一时间推向客户市场。功夫不负有心人，在新产品推向市场以后，他们得到的反馈远远超过了预期的效果，这让李荣军的团队对公司的发展更加充满了信心。为了配合新产品的研发和创新，李荣军带领团队按照计划去国外市场考察，了解相关市场的产品信息，加快新产品的研发周期。同时，李荣军及其团队在义乌国际商贸城的同行中起到了一定的带头作用，相关的业务操作也被同行们所认可。

2014年3月，公司开始考虑如何在这个互联网发展迅速的时代，创新自己的营销模式。李荣军深知：现代的营销不仅仅注重实体店的产品营销，还要注重电子商务的发展。借助义乌国际商贸城——“义乌购”的销售平台，他们的发展又提升一个大台阶。

在这个过程中，属于他们自己的品牌诞生了。2014年5月14日，他们注册的3个品牌证书已经正式得到国家工商行政管理总局的批准，商标的注册编号依次为11836204、11836205、11836206。李荣军团队在创新产品的同时，还注重产品品牌的发展，因为品牌的发展对于一个企业来说就是生命力。李荣军认为：要学会打破传统的模仿形式，通过产品创新、品牌效应，将他们的“中国制造”深深地刻印在消费者的心里。

李荣军深知：只有不断创新，企业才会有更好的发展空间。2015年7月，公司开始准备在国外的规模型市场建立代理商销售模式，通过代理商的销售模式，让公司更加平稳地前进，同时减少市场恶性竞争带来的负面影响。在接下来的一年时间里，公司会调整相应市场的销售模式。

李荣军感慨到：通过自己的创业来看，其实创业并不可怕，当然困难是有的，关键就是看我们能否把自己学习到的知识灵活运用于实际工作中，同时还要注重国际形势的发展，因为国际形势对于外贸出口影响比较大。当然，遇到困难的时候，我们不要盲目地去解决问题，要学会对问题进行深入分析，审视公司各岗位的操作流程，从而在后来的操作中避免类似问题的发生。在现代的创业大军中，我们更要怀着一颗积极的心，去面对每个人、每件事，因为在这个过程中，每一件事都将影响着创业成功的进程。我觉得胆大、心细、专业是成功创业的条件之一，拥有这些，我们就会离成功更近一步。

徐文杰

安徽机电职业技术学院

徐文杰，男，1992年生，安徽机电职业技术学院机械工程系2012级模具设计与制造专业学生。徐文杰是一个充满热情、目标感极强、拥有超强行动力的同学。在学院老师精心指导下，他利用课余时间一步一步朝着心中创业的梦想前进，让心中创业念头萌芽、开花、结果……

在大多数刚走入校门的学生还在享受大学生活的新鲜时，徐文杰考虑得很长远。还是大一的徐文杰骑着他那辆二手自行车在芜湖的各个工业园区寻找模具企业。徐文杰认为要先了解市场的需求，才能结合自己的专业知识，对别人的模具进行调整和完善。徐文杰曾说："模具制造这一行国内模仿得多，创新得少，刚好我学的专业又吻合，所以我相信我们有很多的机会、很大的市场。"大学一年级的寒暑假他都去了模具企业兼职，学到了许多模具制造技术和产品营销技巧，同时也了解了芜湖模具行业的现状，熟悉了市场，为自己的梦想起航奠定了坚实的基础。

大一、大二期间，为了得到更多的锻炼，他摆过地摊，卖过鞋子、袜子、电风扇等小商品。虽然利润很少，但销售技巧和沟通能力得到了提高，这对他后来创建"振华精密模具"起到了很大的作用。为了加强专业实践能力，做好职业规划，每个寒暑假，他都去模具企业兼职，潜心摸索，学到了许多模具制造技术和商业销售技巧。在模具产品创新上，相比较很多同学停留在理论层面的时候，他能够从已开发的国内外产品上找出不足，融入自己的想法，大胆创新。

经过了一年多的积累，在老师的精心指导下，他创办了实体公司"振华精密模具"，这是他一直以来的梦想。学院为激发学生的创业热情，为学生提供创新实践和创业实践的机会，建立了大学生创业孵化基地。大二上学期，他带着“振华精密模具”的项目报名参加了学院大学生创业孵化基地（安徽省AA级）的申报，现在已经作为优秀项目入驻。2013年，他的公司获得了芜湖市科技创业项目最高等次资助10万元，受到了专家评委的一致好评。

大二的时候他曾为奇瑞旗下的瑞鹊汽车模具有限公司提供过一批零件。这是他千辛万苦拿到的大订单，等到交货时却因为产品硬度不够被拒收，这是一批急件，不能按时交货将损失数万元。这批长0.8米的轴类零件，用于推出汽车覆盖件，所以两端硬度要达到HRC55以上（图纸上要求成型后两端高频淬火）。可是端部高频淬火后只有外围达标，中心部分的硬度仅达到HRC30–35。此时再回炉淬火会在零件表面产生氧化层，去除时必会改变产品尺寸。既要完成订单又不能报废这批零件，几番请教后他和团队决定用乙炔和氧气将零件烧红后放入水中骤冷来淬火。白天要上课，他们只能在晚上淬火，利用3个晚上他们把所有的零件都烧了一遍，可检测显示只有最前面的几根硬度达标，为此他们找到淬火厂的师傅咨询，被告知要在水里面加盐，他们照着做了，可是结果依旧。经过一番试验后他们找到了原因——前面烧红的零件放到冷水桶中后，桶里面的水温会迅速上升，后放入的零件就不能迅速降度，而一般淬火厂的冷却池很大，不会有这样的问题。随后他们直接用流动的自来水淬火，成功地完成了订单。那段时间他们晚上要加班到凌晨四五点，手上烫满了血泡，白天还要在学校实验室测量零件硬度。在实践中他学到了很多书上没有的知识，用自己真诚的态度打动了很多客户。创业期间因为经验不足，他遇到了很多类似的挫折，但正是这些挫折锻炼了他。

在创业初期，他一有时间就会在芜湖的各个工业园区寻找客户，一开始处处碰壁，有时候只能以“找工作”为由进入工厂大门。后来他自己凑钱给客户免费做了一些样品，逐步取得了客户的信任。一次他接到了一家外资公司的订单，这是生产线上的关键零件，为了接下订单，他保证客户4天收货，从广东进的货直到第4天夜里才到芜湖，为了不影响客户生产，第5天凌晨4点钟他就去快递中转站找到零件然后迅速送给客户帮忙安装，在公司上班前让机器运作了起来。客户不仅没有生气反而非常感动。

徐文杰将自己所学的专业知识和技能转化成了创业的“资本”。他改进了一种电抗器，成功申请了专利，他告诉我们：“这种变频设备可以减少焊工人数，还可以节省约30%材料，有效降低生产成本。”他的努力、坚持终于获得了回报，客户逐渐增多，销售额不断提高。为了拓展市场，他在淘宝、阿里巴巴等电子商务平台尝试着销售，大获成功。实体加网络营销的方式让他的项目不断壮大。

2014年，他注册了安徽德米模具科技有限公司，注册资金100万元，吸收了多名大学生就业，入驻芜湖市弋江区人民政府和安徽机电职业技术学院合作共建的弋江机电科技园，成为产学研合作、深化产教融合的典型。近两年他的公司连续获得了芜湖市科技创业项目扶持资金，共计15万元。公司专门从事精密模具标准件研发、生产和销售，产品远销到了欧洲、日本等发达国家。

展望未来，徐文杰最大的愿望是自己的研发团队能做大做强，逐步发展自己的生产部门、研发部门、销售部门……以互联网为主、以科技知识为基础，打造高科技精密产品。

“学习是灯，努力是油，要想灯亮，只有加油！”这是他的人生格言，他知道后面的路还很长，他要加强学习，不断创新，因为没有创新能力的企业是走不远的。奋斗的人生最美丽，徐文杰以其自强奋斗、自主创新的精神不断感染与鼓舞着身边的每一个人，用毅力走出了创业之路，用青春绽放了创新之花，用实际行动诠释了当代青年学子的青春魅力。

丁学峰

安徽财贸职业学院

丁学峰，男，1992年生，2015年7月毕业于安徽财贸职业学院。在他和他的团队看来，创业路上的艰难与曲折，只有创业者才能体会。

2015年2月，丁学峰和他团队的合肥悦听电子商务有限公司在天猫商城上线了，目前已运营了数月。这一路走来，他们感慨颇多。

丁学峰的团队是从做搜索引擎优化开始起家的，从2012年开始他一个人做手机耳机，发展到现在6个人的团队。公司一部分精准流量是通过淘宝客变现的。2013年他们的收入达到高峰，但是淘宝联盟的政策越来越不明朗，随着移动互联网的崛起，靠搜索引擎把流量变现也越来越难。

他感觉到，做搜索引擎优化遇到很大的瓶颈，消耗脑力太大，每天都在盯关键词。2015年开始他明显的感觉身体吃不消，没能力把所有的工作流程分工出来，只能交给下面的人去做。基于种种情况，他考虑做天猫商城，其中还有一个重要原因是因为天猫商城至少需要一二十万元的投资，这个门槛可以秒杀一部分竞争对手。做搜索引擎优化这几年，丁学峰虽然赚得不多，但是手里有了一两万的存款，他们想用天猫商城来做“钱生钱”的载体。

之前，他们做搜索引擎优化的思路，就是找到一个产品的相关关键词，然后把排名做上去，就有了流量，有了流量再想办法把流量变现。当然了，他们也会花钱买流量，然后他们证明花1千元买来的流量，可以为他们赚2千元，那么就是划算的。他们再把这个思路复制到其他产品上。

所以，他们做天猫商城也是这个思路。先找一个产品，然后证明他们的这个产品投入产出比划算。比如这款产品他们在天猫上的投入是1万元，一个月可以为他们带来几千元的利润，那么就很划算。然后他再上线其他产品。当做到一个商城可以月入几万的时候，他们可以再做一家商城，甚至可以引进专业的人才。

2012年，他们刚开始做淘宝时，对网络也是一知半解，“百度知道”加链接真是太简单，流量大把大把来。在2008年，网址标题只要设置好关键词，百度就会给流量，淘宝只要上传商品上去就能卖出去，黄金年代真是一去不复返啊。所以，他们觉得做天猫商城能不能成功，还是取决于天猫商城有没有草根的创业机会，试错成本高不高。

他们做的3C数码配件专营店保证金是10万元，年费是3万元，进货10万元左右，目前总共投入不到30万元。现如今，他们的天猫店铺已经走向正轨，一天平均订单量500件，日销售额1万元左右。公司团队一共有6人，已经初步形成公司的规模，现有客服组、运营组、仓管组、财务组，现在和韵达、圆通等几家国内知名快递公司合作，已经拥有一个比较成熟的运作团队。

虽然他们学的是电子商务，但理论与实践是有差距的。开店初期，他们是真的不知道该怎么管理运营店铺，后来通过自己不断地摸索、参加网上的培训、在网上找视频以及向有经验的同学学习，从中收获很多，现在他们已经基本上知道该如何去运营店铺，他们通过自己的创业经历，总结出以下几点：

第一，心态。平台逐渐饱和，竞争的压力越来越大，执行者需要时刻保持清醒，具有处理突发事件的能力和应对竞争对手的能力。这些都需要一个较好的心态来应对。

第二，沟通。平台在不断进步，需要不断调整。

第三，数据。随着大数据时代的到来，我们要学会利用数据来给每一步操作提供一个理论上的依据，让每一步操作更加准确。

第四，思想。每一个执行者会根据自己的性格，决定自己做事的原则。不能超过自己的原则进行操作，这样才能让公司尽可能地稳定发展。

第五，执行力。执行力是一个公司能否根据趋势的变化及时做出调整的体现。公司每次转型都需要较强的执行力，机会不等人。

第六，初衷。一个店铺的执行者的大脑每天都在不停运转，有的时候会出现迷茫的现象，这个时候要回归自己的初衷，回归最初的目标，这对现状有很大的帮助。

丁学峰说："在开店的这段时间里，虽然很辛苦，但是学到了很多东西，有过付出努力却没有收获的心酸，有卖出去一单的无比激动，以及到后来的习以为常，在这个过程中学会了如何经营店铺，知道如何与顾客沟通，出现了问题该如何解决，心态也在逐渐成熟。同时，学习是无止境的，在未来的日子里还需要不断去学习，相信未来自己可以做得更好。"

就像马云说过的那样：创业者自从创业那天开始，面对的就是困难和灾难。也许很消极，但经历过创业的人都感同身受。创业的路途并不是充满鲜花和掌声，更多是困难。创业者每天面临的是怎么克服困难、怎么去整合资源、怎么去带领团队。作为一个团队的领导者，将肩负更多的责任和使命。他要负责整个团队的战略规划、团队的领导以及资源的整合，甚至所有的事情都要依靠他。作为一个创业者，在别人看来也许很辉煌、令人羡慕，但是背后有太多的辛酸。然而，他还是要坚持再坚持。丁学峰相信：只要坚持就会有收获！

董亮

徽商职业学院

董亮，男，1990年生，2013年毕业于徽商职业学院。2012年，董亮和他的伙伴们创办了合肥新绿园艺有限公司。

一晃董亮团队已经在创业的道路上摸爬滚打两年多了，团队人数由最初的3人已发展到15人，企业年销售额达到70万元。董亮说："在这两年多的时间里，真是苦尽甘来，有哭过有笑过，也有很多时候想放弃，每每都是互相鼓励，就这样走了下去。一路走来我成长了很多，越过了很多心理上的障碍，做过了从未做过的事情。我想这两年会成为我人生中最难忘的年头。"

董亮的公司是集园林绿化景观工程设计、施工、养护，绿化苗木生产及销售为一体的综合性园林企业。公司本着诚信第一、客户至上的宗旨，坚持科技领先市场、品种追赶需求的宗旨，奉行用心营造健康人生的理念，不断创新，以更优质的苗木回报广大客户！

通过团队的不懈努力，公司在慢慢地成长，对绿植盆栽种植技术生活习性也有了新的研究成果。盆景、盆栽是居家少不了的点缀，智能迷你花园绿植盆栽不仅能为居室带来新鲜空气，还能装扮我们的居家、办公室，制造亲切自然的气氛，使我们平心静气、轻松舒适，以时尚、简约、干净、环保的方式让空间变得更有生机。它给生活和环境带来的好处是每个人都能亲身体会到的，但是传统绿植盆栽的弊端也逐步显现出来，需要花费很多时间来养护。董亮团队从时尚、干净、方便、环保几个方面进行考虑，重新定义了绿植盆栽，研发了无土栽培技术的使用，让绿植盆栽更干净，拒绝虫害，同时加入智能浇灌技术的应用，让绿植盆栽更加方便，同时携带智能提醒功能，让绿植盆栽变得时尚，拒绝呆板，使得客户更加喜爱他们的产品。由于得到广大客户的支持，公司的生产规模也在慢慢扩大，现在已建设2 500平方米的温室大棚，绿植租摆客户已达到40余家，租摆销售额达到每年55万元。

在园林绿化方面他做了一些准备：承包了15亩农田，准备作为苗木基地；种植了一些本地的树苗；对一些常见的苗木生长习性做了研究……为下一步做绿化工程做好充分的准备。

多肉植物是目前市场上比较火的一种植物，喜爱他的人也越来越多，好多人都把它当作宠物来养，价格从几块钱到成百上千的都有。所谓多肉植物，是指植物营养器官的某一部分，如茎、叶或根（少数种类兼有两部分）具有发达的薄壁组织用以贮藏水分，在外形上显得肥厚多汁的一类植物。它们大部分生长在干旱或一年中有一段时间干旱的地区，每年有很长的时间根部吸收不到水分，仅靠体内贮藏的水分维持生命。这些多肉植物多以小巧精致的韩式花盆种植，依据普货、韩国货和欧洲货的不同分类价格也不尽相同。一般国产的多肉植物为普货，品相普通，价格从5元到30元不等。而韩国货和欧洲货形态优美，色泽鲜亮，价格也较高，一盆株龄七八年的植物售价在500元以上，好的甚至上千元。2014年，董亮团队根据市场的行情，也开始种植多肉植物。一开始，他们到处查阅资料、拜师学艺，走访全国各地多肉植物种植区，回来之后他们将实际与能力相结合，从中发现了很多奥妙：多肉植物的繁殖与其他植物不一样，它的繁殖非常方便，通过一片叶子就可以作为母本来繁殖，虽然很方便，但是也需要精心照顾。每个地域的生长习性都是不一样的，他们对合肥的气候做了一些新的调查研究，例如：在繁殖时，母本入土前，需2周左右精心管理，之后放阴处，不能日光直射，在完全愈合前也不能让接口处沾水，成活后由砧木生出的侧芽、侧枝均应尽早除去，以免影响接穗的生长。种植母本时应选择通气良好、既保水又具有良好排水性能的材料，如珍珠岩蛭石等。种植后应注意控制基质的湿度，少浇水或不浇水。目前，董亮团队结合线上线下的营销模式，不断扩大业务范围，线下的合肥本地市场门店所出售的多肉植物有35%都来自他们的基地，线上董亮团队通过多元化的业态结合，在不同的销售平台均有网点，通过淘宝、微店等平台，不断提高知名度，并不断实行创新模式，如手工DIY的制作，使他们的产品更加畅销。目前，基地拥有800多品种，生产苗床面积1 000平方米。

后期，董亮团队还会不断地学习新的技术，研究新的种植方法，扩大生产规模，满足客户的需求，力争为每位客户创造一个良好的工作与生活环境。

侯亮亮

安徽六安技师学院

侯亮亮，男，1995年生，2013年毕业于安徽六安技师学院汽车维修专业。毕业后，侯亮亮在六安德旺汽车服务中心从事汽车维修工作。2014年3月辞职，开始自主创业，和朋友一起投资50万元合伙经营一家汽车轮胎销售和汽车美容业务的公司。短短一年的时间，他凭借着吃苦耐劳的干劲和敢于创新的闯劲，使公司运营得非常成功，当年销售额60万元，实现盈利15万元。也许是因为有过太多生活的磨砺，他认为，无论做什么，最重要的是能够坦然地乐在其中，通过自己的努力给人们带来更健康、更精彩的生活。

2011年9月，初中毕业的侯亮亮因为成绩差没能考上高中，失落中他的父亲告诉他，既然不能上高中、考大学，不如学一门技能。有技术在手，将来很快就能在就业中定位。当年的侯亮亮也许并不能理解父亲的这番话，但当初的选择为他今后的就业和创业打下了基础。

进入学校以后，他选择了当时比较热门的汽车维修专业。在学校的三年里，侯亮亮总是班级里学习最认真的一个。教室里时常留下他独自一人看书的身影；车间里他不怕脏、不怕累，积极主动，在实践中锻炼自己的动手能力。侯亮亮知道，作为一名职业院校的学生，只有理论联系实际才能真正学到技能。到学校的第二个学期，他便自己联系了学校附近的一家汽车修理厂，利用周六、周日到店里兼职，帮忙打工。

在兼职的这段日子里，侯亮亮发现，随着我国经济的快速发展，老百姓的生活有了明显的改善，汽车的数量与日俱增。在侯亮亮打工的店里每天平均有15辆汽车需要维修或美容。于是一个新的念头在他心中萌发：将来有机会一定要开一家属于自己的汽车维修美容店。

2012年10月，当六安市的SYB创业培训班在学校开班时，侯亮亮第一个报了名。在培训的15天里，他按照老师的安排，认真地完成每一项任务。尤其在课程即将结束时，老师们要求学生自己写一份创业计划书，他大胆设计，认真思考。从选择项目到公司的取名、团队的组建再到资金的预算、风险的预测以及公司的运营情况分析，每一项他都精心研究，仔细琢磨。最后，在创业培训班的结束交流会上，他的创业项目被老师当作案例用来讲解，得到了充分认可。同年12月，侯亮亮还带着这个项目，在指导老师的带领下，参加了六安市首届创业设计大赛，并获得了优秀成绩。

在学校的两年里，侯亮亮一边学习理论知识，一边学习技能。同时，他的校外实践和在创业培训班的学习让他的创业梦想在心中生根发芽。

2013年7月侯亮亮毕业，来到一家业内很有名气的汽车服务中心工作。

侯亮亮心里很清楚，他不会在这家企业干很久。他之所以选择这家企业，是因为他想在这里提升自己的专业技能，学习公司的管理经验。同时侯亮亮明白，现在缺少项目的启动资金，缺少经营的实战经验，这样的创业难免会成为空中楼阁。

在上班的这段时间里，面对公司整天进进出出的汽车，他创业的梦想愈发强烈。一次偶然的机会，侯亮亮认识了一位在合肥经营固特异轮胎销售代理的亲戚。交谈中，他说出了自己想创业的想法。这位亲戚答应他，愿意从技术和管理经验方面支持他，资金方面，一开始可以半年一次结算。说干就干，回去后，他和他的一个朋友多方筹借了50万资金。

2014年5月，六安开发区鹏程轮胎总汇正式注册成立，主要经营轮胎销售、汽车美容及服务业务，为用户提供方便、快捷、专业的汽车服务。

公司刚成立，流动资金短缺，人脉关系少。开业不久就遇到了销售难题，一个月的销售额才二三万元，还不够场地租金和人员工资，更谈不上还借来的钱了。但他们有自信、拼搏、吃苦、团结的精神，公司凭借着团队的力量，创新学习，不断壮大自己，慢慢突破公司的发展困境。面对快速发展的汽车行业，他们执着于自己的计划、自己的梦想，决不放弃！2014年11月，刚刚经营6个月公司已经实现了盈利。商店的顾客越来越多，公司慢慢地走上了正轨。

有朋友问侯亮亮，成功的关键是什么？

他说，是一个好的团队。

他和合作伙伴，真是志同道合，相互信任。这种信任不是说在嘴上，而是发自内心，体现在行动上。而他们二人在性格、专长和知识结构上的互补性，又是这个团队具有竞争力的重要因素。

“我要感谢职业教育让我有了这份特殊的经历，打开了我的视野，让我如今能够发展壮大。同时我希望现在选择中职教育的学弟学妹们能够认真学好自己的知识和技能，将来走向社会后才能更好地运用。”2015年，学校邀请侯亮亮回到母校，和在校同学分享自己的创业经历，侯亮亮告诉学弟学妹们，绝不能养成浮躁心态，必须厚积薄发，规划好职场生涯，在就业过程中去找准定位和契机，这样才能成功。

现如今，自信满满的侯亮亮已经找准人生的方向，今后，他将在自己创业的路上阔步前行，放飞人生梦想。

王　勇

安庆皖江职业技术学校

王勇，男，1992年生，2015年毕业于安庆皖江职业技术学校。2014年，王勇和他的团队注册成立了安徽德米模具科技有限公司。

如今王勇已拥有多个头衔：诚信科技公司总经理、诚信塑钢销售公司总监、诚信服装厂销售经理、诚信服装网店技术销售总监。短短几年间，他已经成为当地远近闻名的青年企业家。近年来，他的诚信科技公司年销售营业额近400多万元，利润近100万元；诚信塑钢销售额近100万元，利润30万元左右；诚信服装及网店投资近120万元，年销售额近1 000万元，利润三四百万元。为此，他成为当地青年创业标兵，多次受到当地市、县政府的表彰和嘉奖。

1992年，王勇出生在皖西南望江县一个普通的农村家庭，乡村多彩的田园风光、宁静青翠的山林野竹、自然清新的田园风光深深地刻入了他的内心，使他萌生了热爱家乡的浓浓情怀。但少不更事的他，在初中时期因贪玩而荒废了学业，一度面临辍学的危险。身为教师的爸爸，与他促膝谈心，晓之以理，动之以情，启发诱导，使他重拾起人生的信心。于是，15岁的他仿佛一夜之间变得懂事了，成熟了。

2008年2月，他满怀对人生的美好憧憬，来到了温馨和谐、风景如画、人文气息浓厚的安庆皖江职业技术学校春招班就读，选择学习计算机技术应用专业。新生的军训使他懂得了坚持，学会了服从，培养了团队意识，加强了纪律观念，锻造了钢铁般的意志……由于他的刻苦努力，动作标准到位，军训结束，他被评为“军训标兵”，还得到了他人生的第一本“荣誉证书”。

荣誉既是动力又是压力，此后，年轻的王勇意气风发，学习劲头十足。

但面对节奏紧张、枯燥乏味的文化课、理论课的学习和日复一日的实训操作。他苦闷过、彷徨过，曾一度产生厌学情绪，是时任班主任的汪峰老师细致耐心的引导和多方面的鼓励和赏识，使他战胜了懒惰，克服了寂寞，潜心学习、实训。

由于他的努力付出，成绩优异，他连续两年被评为“三好学生”“优秀学生干部”“操作能手”，并代表学校参加安庆市中职生技能大赛，荣获个人二等奖、团体二等奖，为学校争得了荣誉，艰苦的实训使他掌握了一技之长，为他日后的创业发展奠定了坚实的专业基础。

2010年4月，本该走出校门，赴企业顶岗实习的王勇，没有与大多数同学一样，走进长三角，而是在父亲和亲友的支持下，在本县赛口镇金堤开发区开了一家电脑销售专营店，主营硬盘、品牌电脑、组装电脑、品牌打印机、耗材业务，还承揽安装监控工程、电脑周边配件及上门电脑维修等业务。

自开业以来，王勇既是老板又是员工，跑市场、揽客户、上门维修……工作异常辛苦，偶尔碰到一些电脑维修方面的问题，一连几个小时都不能攻克，他彻夜未眠，查阅资料，访问网页，请教老师，不达目的誓不罢休，他常挂在嘴边的一句话是：“我工作时表现出来的顽强意志力和惊人毅力，那是得益于皖江的军训，是皖江老师培养了我顽强的品格。”有时千里之外的客户咨询如何解决电脑出现的故障，他都不厌其烦地一一作答，顾客发来感谢的话语，使他很有成就感。

由于王勇的诚信经营，过硬的维修技术，真诚的售后跟踪服务，公司赢得了市、县多家企事业单位和多家宾馆、旅店的青睐，他承接了望江县城的元和会所、龙湖商贸城的益群灯具，金堤派出所对面的同悦宾馆、赛口镇各镇直单位的监控安装工程，安庆市立医院监控维修等业务，他掘到了创业以来的“第一桶金”。此时的王勇对未来的创业发展之路更是充满了信心。由于赢得了较好的口碑，店里品牌电脑的销售业绩亦逐年攀升，由开业时年销售量四五十台到一二百台再到三四百台进而达千台，销售区域达周边几个省市，实现年销售额近五百多万元，再加上组装电脑，销售打印机耗材，安装监控，电脑配件，等等，年纯收入近百万元。

2011年初，他扩大经营范围，聘请了十几名员工，在安庆及望江县城增开多家连锁店。王勇在经营电脑的同时，又增开塑钢加工装潢店，进一步拓展了业务，年销售额近百万元，年纯收入近30多万元。2014年2月王勇又与他表哥裴柳青合伙投资120万元，在浙江织里投资服装行业并建立起服装销售网店，年销售额近千万元，年利润300多万元。风华正茂的王勇，正在精心打造营销团队、管理团队、服务团队，下一步将组建集团公司。王勇常说："你的心有多大，你的人生舞台就有多大。"今后，他将把自己的事业做大、做强，造福桑梓，回报社会。

经过近五年的艰苦创业和顽强拼搏，王勇的创业梦想得以初步实现。然而这只是他人生创业征程上迈开的第一步。商场如战场，不是在竞争中发展就在竞争中被淘汰。王勇决心带领他的团队勇搏商海，进一步拓展市场，开拓新的业务，组建集团公司。

目标催生希望，展望未来，他信心百倍。在王勇的办公室里挂着安庆皖江职业技术学校的一副对联："越百二雄关，圆人生大梦，气傲香茗，胸中盈锦绣；征八千云路，怀报国红心，神凌雷水，笔底激波澜。"相信这位优秀的皖江学子一定会再越雷池，再接再厉，在商海中扬帆竞渡，成就他的辉煌人生！

附　录

国务院办公厅关于深化高等学校创新创业教育改革的实施意见

国办发〔2015〕36号

各省、自治区、直辖市人民政府，国务院各部委、各直属机构：

深化高等学校创新创业教育改革，是国家实施创新驱动发展战略、促进经济提质增效升级的迫切需要，是推进高等教育综合改革、促进高校毕业生更高质量创业就业的重要举措。党的十八大对创新创业人才培养作出重要部署，国务院对加强创新创业教育提出明确要求。近年来，高校创新创业教育不断加强，取得了积极进展，对提高高等教育质量、促进学生全面发展、推动毕业生创业就业、服务国家现代化建设发挥了重要作用。但也存在一些不容忽视的突出问题，主要是一些地方和高校重视不够，创新创业教育理念滞后，与专业教育结合不紧，与实践脱节；教师开展创新创业教育的意识和能力欠缺，教学方式方法单一，针对性实效性不强；实践平台短缺，指导帮扶不到位，创新创业教育体系亟待健全。为了进一步推动大众创业、万众创新，经国务院同意，现就深化高校创新创业教育改革提出如下实施意见。

一、总体要求

（一）指导思想。

全面贯彻党的教育方针，落实立德树人根本任务，坚持创新引领创业、创业带动就业，主动适应经济发展新常态，以推进素质教育为主题，以提高人才培养质量为核心，以创新人才培养机制为重点，以完善条件和政策保障为支撑，促进高等教育与科技、经济、社会紧密结合，加快培养规模宏大、富有创新精神、勇于投身实践的创新创业人才队伍，不断提高高等教育对稳增长促改革调结构惠民生的贡献度，为建设创新型国家、实现“两个一百年”奋斗目标和中华民族伟大复兴的中国梦提供强大的人才智力支撑。

（二）基本原则。

坚持育人为本，提高培养质量。把深化高校创新创业教育改革作为推进高等教育综合改革的突破口，树立先进的创新创业教育理念，面向全体、分类施教、结合专业、强化实践，促进学生全面发展，提升人力资本素质，努力造就大众创业、万众创新的生力军。

坚持问题导向，补齐培养短板。把解决高校创新创业教育存在的突出问题作为深化高校创新创业教育改革的着力点，融入人才培养体系，丰富课程、创新教法、强化师资、改进帮扶，推进教学、科研、实践紧密结合，突破人才培养薄弱环节，增强学生的创新精神、创业意识和创新创业能力。

坚持协同推进，汇聚培养合力。把完善高校创新创业教育体制机制作为深化高校创新创业教育改革的支撑点，集聚创新创业教育要素与资源，统一领导、齐抓共管、开放合作、全员参与，形成全社会关心支持创新创业教育和学生创新创业的良好生态环境。

（三）总体目标。

2015年起全面深化高校创新创业教育改革。2017年取得重要进展，形成科学先进、广泛认同、具有中国特色的创新创业教育理念，形成一批可复制可推广的制度成果，普及创新创业教育，实现新一轮大学生创业引领计划预期目标。到2020年建立健全课堂教学、自主学习、结合实践、指导帮扶、文化引领融为一体的高校创新创业教育体系，人才培养质量显著提升，学生的创新精神、创业意识和创新创业能力明显增强，投身创业实践的学生显著增加。

二、主要任务和措施

（一）完善人才培养质量标准。

制订实施本科专业类教学质量国家标准，修订实施高职高专专业教学标准和博士、硕士学位基本要求，明确本科、高职高专、研究生创新创业教育目标要求，使创新精神、创业意识和创新创业能力成为评价人才培养质量的重要指标。相关部门、科研院所、行业企业要制修订专业人才评价标准，细化创新创业素质能力要求。不同层次、类型、区域高校要结合办学定位、服务面向和创新创业教育目标要求，制订专业教学质量标准，修订人才培养方案。

（二）创新人才培养机制。

实施高校毕业生就业和重点产业人才供需年度报告制度，完善学科专业预警、退出管理办法，探索建立需求导向的学科专业结构和创业就业导向的人才培养类型结构调整新机制，促进人才培养与经济社会发展、创业就业需求紧密对接。深入实施系列“卓越计划”、科教结合协同育人行动计划等，多形式举办创新创业教育实验班，探索建立校校、校企、校地、校所以及国际合作的协同育人新机制，积极吸引社会资源和国外优质教育资源投入创新创业人才培养。高校要打通一级学科或专业类下相近学科专业的基础课程，开设跨学科专业的交叉课程，探索建立跨院系、跨学科、跨专业交叉培养创新创业人才的新机制，促进人才培养由学科专业单一型向多学科融合型转变。

（三）健全创新创业教育课程体系。

各高校要根据人才培养定位和创新创业教育目标要求，促进专业教育与创新创业教育有机融合，调整专业课程设置，挖掘和充实各类专业课程的创新创业教育资源，在传授专业知识过程中加强创新创业教育。面向全体学生开发开设研究方法、学科前沿、创业基础、就业创业指导等方面的必修课和选修课，纳入学分管理，建设依次递进、有机衔接、科学合理的创新创业教育专门课程群。各地区、各高校要加快创新创业教育优质课程信息化建设，推出一批资源共享的慕课、视频公开课等在线开放课程。建立在线开放课程学习认证和学分认定制度。组织学科带头人、行业企业优秀人才，联合编写具有科学性、先进性、适用性的创新创业教育重点教材。

（四）改革教学方法和考核方式。

各高校要广泛开展启发式、讨论式、参与式教学，扩大小班化教学覆盖面，推动教师把国际前沿学术发展、最新研究成果和实践经验融入课堂教学，注重培养学生的批判性和创造性思维，激发创新创业灵感。运用大数据技术，掌握不同学生学习需求和规律，为学生自主学习提供更加丰富多样的教育资源。改革考试考核内容和方式，注重考查学生运用知识分析、解决问题的能力，探索非标准答案考试，破除“高分低能”积弊。

（五）强化创新创业实践。

各高校要加强专业实验室、虚拟仿真实验室、创业实验室和训练中心建设，促进实验教学平台共享。各地区、各高校科技创新资源原则上向全体在校学生开放，开放情况纳入各类研究基地、重点实验室、科技园评估标准。鼓励各地区、各高校充分利用各种资源建设大学科技园、大学生创业园、创业孵化基地和小微企业创业基地，作为创业教育实践平台，建好一批大学生校外实践教育基地、创业示范基地、科技创业实习基地和职业院校实训基地。完善国家、地方、高校三级创新创业实训教学体系，深入实施大学生创新创业训练计划，扩大覆盖面，促进项目落地转化。举办全国大学生创新创业大赛，办好全国职业院校技能大赛，支持举办各类科技创新、创意设计、创业计划等专题竞赛。支持高校学生成立创新创业协会、创业俱乐部等社团，举办创新创业讲座论坛，开展创新创业实践。

（六）改革教学和学籍管理制度。

各高校要设置合理的创新创业学分，建立创新创业学分积累与转换制度，探索将学生开展创新实验、发表论文、获得专利和自主创业等情况折算为学分，将学生参与课题研究、项目实验等活动认定为课堂学习。为有意愿有潜质的学生制定创新创业能力培养计划，建立创新创业档案和成绩单，客观记录并量化评价学生开展创新创业活动情况。优先支持参与创新创业的学生转入相关专业学习。实施弹性学制，放宽学生修业年限，允许调整学业进程、保留学籍休学创新创业。设立创新创业奖学金，并在现有相关评优评先项目中拿出一定比例用于表彰优秀创新创业的学生。

（七）加强教师创新创业教育教学能力建设。

各地区、各高校要明确全体教师创新创业教育责任，完善专业技术职务评聘和绩效考核标准，加强创新创业教育的考核评价。配齐配强创新创业教育与创业就业指导专职教师队伍，并建立定期考核、淘汰制度。聘请知名科学家、创业成功者、企业家、风险投资人等各行各业优秀人才，担任专业课、创新创业课授课或指导教师，并制定兼职教师管理规范，形成全国万名优秀创新创业导师人才库。将提高高校教师创新创业教育的意识和能力作为岗前培训、课程轮训、骨干研修的重要内容，建立相关专业教师、创新创业教育专职教师到行业企业挂职锻炼制度。加快完善高校科技成果处置和收益分配机制，支持教师以对外转让、合作转化、作价入股、自主创业等形式将科技成果产业化，并鼓励带领学生创新创业。

（八）改进学生创业指导服务。

各地区、各高校要建立健全学生创业指导服务专门机构，做到“机构、人员、场地、经费”四到位，对自主创业学生实行持续帮扶、全程指导、一站式服务。健全持续化信息服务制度，完善全国大学生创业服务网功能，建立地方、高校两级信息服务平台，为学生实时提供国家政策、市场动向等信息，并做好创业项目对接、知识产权交易等服务。各地区、各有关部门要积极落实高校学生创业培训政策，研发适合学生特点的创业培训课程，建设网络培训平台。鼓励高校自主编制专项培训计划，或与有条件的教育培训机构、行业协会、群团组织、企业联合开发创业培训项目。各地区和具备条件的行业协会要针对区域需求、行业发展，发布创业项目指南，引导高校学生识别创业机会、捕捉创业商机。

（九）完善创新创业资金支持和政策保障体系。

各地区、各有关部门要整合发展财政和社会资金，支持高校学生创新创业活动。各高校要优化经费支出结构，多渠道统筹安排资金，支持创新创业教育教学，资助学生创新创业项目。部委属高校应按规定使用中央高校基本科研业务费，积极支持品学兼优且具有较强科研潜质的在校学生开展创新科研工作。中国教育发展基金会设立大学生创新创业教育奖励基金，用于奖励对创新创业教育作出贡献的单位。鼓励社会组织、公益团体、企事业单位和个人设立大学生创业风险基金，以多种形式向自主创业大学生提供资金支持，提高扶持资金使用效益。深入实施新一轮大学生创业引领计划，落实各项扶持政策和服务措施，重点支持大学生到新兴产业创业。有关部门要加快制定有利于互联网创业的扶持政策。

三、加强组织领导

（一）健全体制机制。

各地区、各高校要把深化高校创新创业教育改革作为“培养什么人，怎样培养人”的重要任务摆在突出位置，加强指导管理与监督评价，统筹推进本地本校创新创业教育工作。各地区要成立创新创业教育专家指导委员会，开展高校创新创业教育的研究、咨询、指导和服务。各高校要落实创新创业教育主体责任，把创新创业教育纳入改革发展重要议事日程，成立由校长任组长、分管校领导任副组长、有关部门负责人参加的创新创业教育工作领导小组，建立教务部门牵头，学生工作、团委等部门齐抓共管的创新创业教育工作机制。

（二）细化实施方案。

各地区、各高校要结合实际制定深化本地本校创新创业教育改革的实施方案，明确责任分工。教育部属高校需将实施方案报教育部备案，其他高校需报学校所在地省级教育部门和主管部门备案，备案后向社会公布。

（三）强化督导落实。

教育部门要把创新创业教育质量作为衡量办学水平、考核领导班子的重要指标，纳入高校教育教学评估指标体系和学科评估指标体系，引入第三方评估。把创新创业教育相关情况列入本科、高职高专、研究生教学质量年度报告和毕业生就业质量年度报告重点内容，接受社会监督。

（四）加强宣传引导。

各地区、各有关部门以及各高校要大力宣传加强高校创新创业教育的必要性、紧迫性、重要性，使创新创业成为管理者办学、教师教学、学生求学的理性认知与行动自觉。及时总结推广各地各高校的好经验好做法，选树学生创新创业成功典型，丰富宣传形式，培育创客文化，努力营造敢为人先、敢冒风险、宽容失败的氛围环境。

国务院办公厅

2015年5月4日

国务院关于大力推进大众创业万众创新若干政策措施的意见

国发〔2015〕32号

各省、自治区、直辖市人民政府，国务院各部委、各直属机构：

推进大众创业、万众创新，是发展的动力之源，也是富民之道、公平之计、强国之策，对于推动经济结构调整、打造发展新引擎、增强发展新动力、走创新驱动发展道路具有重要意义，是稳增长、扩就业、激发亿万群众智慧和创造力，促进社会纵向流动、公平正义的重大举措。根据2015年《政府工作报告》部署，为改革完善相关体制机制，构建普惠性政策扶持体系，推动资金链引导创业创新链、创业创新链支持产业链、产业链带动就业链，现提出以下意见。

一、充分认识推进大众创业、万众创新的重要意义

——推进大众创业、万众创新，是培育和催生经济社会发展新动力的必然选择。随着我国资源环境约束日益强化，要素的规模驱动力逐步减弱，传统的高投入、高消耗、粗放式发展方式难以为继，经济发展进入新常态，需要从要素驱动、投资驱动转向创新驱动。推进大众创业、万众创新，就是要通过结构性改革、体制机制创新，消除不利于创业创新发展的各种制度束缚和桎梏，支持各类市场主体不断开办新企业、开发新产品、开拓新市场，培育新兴产业，形成小企业"铺天盖地"、大企业"顶天立地"的发展格局，实现创新驱动发展，打造新引擎、形成新动力。

——推进大众创业、万众创新，是扩大就业、实现富民之道的根本举措。我国有13亿多人口、9亿多劳动力，每年高校毕业生、农村转移劳动力、城镇困难人员、退役军人数量较大，人力资源转化为人力资本的潜力巨大，但就业总量压力较大，结构性矛盾凸显。推进大众创业、万众创新，就是要通过转变政府职能、建设服务型政府，营造公平竞争的创业环境，使有梦想、有意愿、有能力的科技人员、高校毕业生、农民工、退役军人、失业人员等各类市场创业主体“如鱼得水”，通过创业增加收入，让更多的人富起来，促进收入分配结构调整，实现创新支持创业、创业带动就业的良性互动发展。

——推进大众创业、万众创新，是激发全社会创新潜能和创业活力的有效途径。目前，我国创业创新理念还没有深入人心，创业教育培训体系还不健全，善于创造、勇于创业的能力不足，鼓励创新、宽容失败的良好环境尚未形成。推进大众创业、万众创新，就是要通过加强全社会以创新为核心的创业教育，弘扬“敢为人先、追求创新、百折不挠”的创业精神，厚植创新文化，不断增强创业创新意识，使创业创新成为全社会共同的价值追求和行为习惯。

二、总体思路

按照“四个全面”战略布局，坚持改革推动，加快实施创新驱动发展战略，充分发挥市场在资源配置中的决定性作用和更好发挥政府作用，加大简政放权力度，放宽政策、放开市场、放活主体，形成有利于创业创新的良好氛围，让千千万万创业者活跃起来，汇聚成经济社会发展的巨大动能。不断完善体制机制、健全普惠性政策措施，加强统筹协调，构建有利于大众创业、万众创新蓬勃发展的政策环境、制度环境和公共服务体系，以创业带动就业、创新促进发展。

——坚持深化改革，营造创业环境。通过结构性改革和创新，进一步简政放权、放管结合、优化服务，增强创业创新制度供给，完善相关法律法规、扶持政策和激励措施，营造均等普惠环境，推动社会纵向流动。

——坚持需求导向，释放创业活力。尊重创业创新规律，坚持以人为本，切实解决创业者面临的资金需求、市场信息、政策扶持、技术支撑、公共服务等瓶颈问题，最大限度释放各类市场主体创业创新活力，开辟就业新空间，拓展发展新天地，解放和发展生产力。

——坚持政策协同，实现落地生根。加强创业、创新、就业等各类政策统筹，部门与地方政策联动，确保创业扶持政策可操作、能落地。鼓励有条件的地区先行先试，探索形成可复制、可推广的创业创新经验。

——坚持开放共享，推动模式创新。加强创业创新公共服务资源开放共享，整合利用全球创业创新资源，实现人才等创业创新要素跨地区、跨行业自由流动。依托“互联网+”、大数据等，推动各行业创新商业模式，建立和完善线上与线下、境内与境外、政府与市场开放合作等创业创新机制。

三、创新体制机制，实现创业便利化

（一）完善公平竞争市场环境。进一步转变政府职能，增加公共产品和服务供给，为创业者提供更多机会。逐步清理并废除妨碍创业发展的制度和规定，打破地方保护主义。加快出台公平竞争审查制度，建立统一透明、有序规范的市场环境。依法反垄断和反不正当竞争，消除不利于创业创新发展的垄断协议和滥用市场支配地位以及其他不正当竞争行为。清理规范涉企收费项目，完善收费目录管理制度，制定事中事后监管办法。建立和规范企业信用信息发布制度，制定严重违法企业名单管理办法，把创业主体信用与市场准入、享受优惠政策挂钩，完善以信用管理为基础的创业创新监管模式。

（二）深化商事制度改革。加快实施工商营业执照、组织机构代码证、税务登记证“三证合一”、“一照一码”，落实“先照后证”改革，推进全程电子化登记和电子营业执照应用。支持各地结合实际放宽新注册企业场所登记条件限制，推动“一址多照”、集群注册等住所登记改革，为创业创新提供便利的工商登记服务。建立市场准入等负面清单，破除不合理的行业准入限制。开展企业简易注销试点，建立便捷的市场退出机制。依托企业信用信息公示系统建立小微企业名录，增强创业企业信息透明度。

（三）加强创业知识产权保护。研究商业模式等新形态创新成果的知识产权保护办法。积极推进知识产权交易，加快建立全国知识产权运营公共服务平台。完善知识产权快速维权与维权援助机制，缩短确权审查、侵权处理周期。集中查处一批侵犯知识产权的大案要案，加大对反复侵权、恶意侵权等行为的处罚力度，探索实施惩罚性赔偿制度。完善权利人维权机制，合理划分权利人举证责任，完善行政调解等非诉讼纠纷解决途径。

（四）健全创业人才培养与流动机制。把创业精神培育和创业素质教育纳入国民教育体系，实现全社会创业教育和培训制度化、体系化。加快完善创业课程设置，加强创业实训体系建设。加强创业创新知识普及教育，使大众创业、万众创新深入人心。加强创业导师队伍建设，提高创业服务水平。加快推进社会保障制度改革，破除人才自由流动制度障碍，实现党政机关、企事业单位、社会各方面人才顺畅流动。加快建立创业创新绩效评价机制，让一批富有创业精神、勇于承担风险的人才脱颖而出。

四、优化财税政策，强化创业扶持

（五）加大财政资金支持和统筹力度。各级财政要根据创业创新需要，统筹安排各类支持小微企业和创业创新的资金，加大对创业创新支持力度，强化资金预算执行和监管，加强资金使用绩效评价。支持有条件的地方政府设立创业基金，扶持创业创新发展。在确保公平竞争前提下，鼓励对众创空间等孵化机构的办公用房、用水、用能、网络等软硬件设施给予适当优惠，减轻创业者负担。

（六）完善普惠性税收措施。落实扶持小微企业发展的各项税收优惠政策。落实科技企业孵化器、大学科技园、研发费用加计扣除、固定资产加速折旧等税收优惠政策。对符合条件的众创空间等新型孵化机构适用科技企业孵化器税收优惠政策。按照税制改革方向和要求，对包括天使投资在内的投向种子期、初创期等创新活动的投资，统筹研究相关税收支持政策。修订完善高新技术企业认定办法，完善创业投资企业享受70%应纳税所得额税收抵免政策。抓紧推广中关村国家自主创新示范区税收试点政策，将企业转增股本分期缴纳个人所得税试点政策、股权奖励分期缴纳个人所得税试点政策推广至全国范围。落实促进高校毕业生、残疾人、退役军人、登记失业人员等创业就业税收政策。

（七）发挥政府采购支持作用。完善促进中小企业发展的政府采购政策，加强对采购单位的政策指导和监督检查，督促采购单位改进采购计划编制和项目预留管理，增强政策对小微企业发展的支持效果。加大创新产品和服务的采购力度，把政府采购与支持创业发展紧密结合起来。

五、搞活金融市场，实现便捷融资

（八）优化资本市场。支持符合条件的创业企业上市或发行票据融资，并鼓励创业企业通过债券市场筹集资金。积极研究尚未盈利的互联网和高新技术企业到创业板发行上市制度，推动在上海证券交易所建立战略新兴产业板。加快推进全国中小企业股份转让系统向创业板转板试点。研究解决特殊股权结构类创业企业在境内上市的制度性障碍，完善资本市场规则。规范发展服务于中小微企业的区域性股权市场，推动建立工商登记部门与区域性股权市场的股权登记对接机制，支持股权质押融资。支持符合条件的发行主体发行小微企业增信集合债等企业债券创新品种。

（九）创新银行支持方式。鼓励银行提高针对创业创新企业的金融服务专业化水平，不断创新组织架构、管理方式和金融产品。推动银行与其他金融机构加强合作，对创业创新活动给予有针对性的股权和债权融资支持。鼓励银行业金融机构向创业企业提供结算、融资、理财、咨询等一站式系统化的金融服务。

（十）丰富创业融资新模式。支持互联网金融发展，引导和鼓励众筹融资平台规范发展，开展公开、小额股权众筹融资试点，加强风险控制和规范管理。丰富完善创业担保贷款政策。支持保险资金参与创业创新，发展相互保险等新业务。完善知识产权估值、质押和流转体系，依法合规推动知识产权质押融资、专利许可费收益权证券化、专利保险等服务常态化、规模化发展，支持知识产权金融发展。

六、扩大创业投资，支持创业起步成长

（十一）建立和完善创业投资引导机制。不断扩大社会资本参与新兴产业创投计划参股基金规模，做大直接融资平台，引导创业投资更多向创业企业起步成长的前端延伸。不断完善新兴产业创业投资政策体系、制度体系、融资体系、监管和预警体系，加快建立考核评价体系。加快设立国家新兴产业创业投资引导基金和国家中小企业发展基金，逐步建立支持创业创新和新兴产业发展的市场化长效运行机制。发展联合投资等新模式，探索建立风险补偿机制。鼓励各地方政府建立和完善创业投资引导基金。加强创业投资立法，完善促进天使投资的政策法规。促进国家新兴产业创业投资引导基金、科技型中小企业创业投资引导基金、国家科技成果转化引导基金、国家中小企业发展基金等协同联动。推进创业投资行业协会建设，加强行业自律。

（十二）拓宽创业投资资金供给渠道。加快实施新兴产业“双创”三年行动计划，建立一批新兴产业“双创”示范基地，引导社会资金支持大众创业。推动商业银行在依法合规、风险隔离的前提下，与创业投资机构建立市场化长期性合作。进一步降低商业保险资金进入创业投资的门槛。推动发展投贷联动、投保联动、投债联动等新模式，不断加大对创业创新企业的融资支持。

（十三）发展国有资本创业投资。研究制定鼓励国有资本参与创业投资的系统性政策措施，完善国有创业投资机构激励约束机制、监督管理机制。引导和鼓励中央企业和其他国有企业参与新兴产业创业投资基金、设立国有资本创业投资基金等，充分发挥国有资本在创业创新中的作用。研究完善国有创业投资机构国有股转持豁免政策。

（十四）推动创业投资“引进来”与“走出去”。抓紧修订外商投资创业投资企业相关管理规定，按照内外资一致的管理原则，放宽外商投资准入，完善外资创业投资机构管理制度，简化管理流程，鼓励外资开展创业投资业务。放宽对外资创业投资基金投资限制，鼓励中外合资创业投资机构发展。引导和鼓励创业投资机构加大对境外高端研发项目的投资，积极分享境外高端技术成果。按投资领域、用途、募集资金规模，完善创业投资境外投资管理。

七、发展创业服务，构建创业生态

（十五）加快发展创业孵化服务。大力发展创新工场、车库咖啡等新型孵化器，做大做强众创空间，完善创业孵化服务。引导和鼓励各类创业孵化器与天使投资、创业投资相结合，完善投融资模式。引导和推动创业孵化与高校、科研院所等技术成果转移相结合，完善技术支撑服务。引导和鼓励国内资本与境外合作设立新型创业孵化平台，引进境外先进创业孵化模式，提升孵化能力。

（十六）大力发展第三方专业服务。加快发展企业管理、财务咨询、市场营销、人力资源、法律顾问、知识产权、检验检测、现代物流等第三方专业化服务，不断丰富和完善创业服务。

（十七）发展“互联网+”创业服务。加快发展“互联网+”创业网络体系，建设一批小微企业创业创新基地，促进创业与创新、创业与就业、线上与线下相结合，降低全社会创业门槛和成本。加强政府数据开放共享，推动大型互联网企业和基础电信企业向创业者开放计算、存储和数据资源。积极推广众包、用户参与设计、云设计等新型研发组织模式和创业创新模式。

（十八）研究探索创业券、创新券等公共服务新模式。有条件的地方继续探索通过创业券、创新券等方式对创业者和创新企业提供社会培训、管理咨询、检验检测、软件开发、研发设计等服务，建立和规范相关管理制度和运行机制，逐步形成可复制、可推广的经验。

八、建设创业创新平台，增强支撑作用

（十九）打造创业创新公共平台。加强创业创新信息资源整合，建立创业政策集中发布平台，完善专业化、网络化服务体系，增强创业创新信息透明度。鼓励开展各类公益讲坛、创业论坛、创业培训等活动，丰富创业平台形式和内容。支持各类创业创新大赛，定期办好中国创新创业大赛、中国农业科技创新创业大赛和创新挑战大赛等赛事。加强和完善中小企业公共服务平台网络建设。充分发挥企业的创新主体作用，鼓励和支持有条件的大型企业发展创业平台、投资并购小微企业等，支持企业内外部创业者创业，增强企业创业创新活力。为创业失败者再创业建立必要的指导和援助机制，不断增强创业信心和创业能力。加快建立创业企业、天使投资、创业投资统计指标体系，规范统计口径和调查方法，加强监测和分析。

（二十）用好创业创新技术平台。建立科技基础设施、大型科研仪器和专利信息资源向全社会开放的长效机制。完善国家重点实验室等国家级科研平台（基地）向社会开放机制，为大众创业、万众创新提供有力支撑。鼓励企业建立一批专业化、市场化的技术转移平台。鼓励依托三维（3D）打印、网络制造等先进技术和发展模式，开展面向创业者的社会化服务。引导和支持有条件的领军企业创建特色服务平台，面向企业内部和外部创业者提供资金、技术和服务支撑。加快建立军民两用技术项目实施、信息交互和标准化协调机制，促进军民创新资源融合。

（二十一）发展创业创新区域平台。支持开展全面创新改革试验的省（区、市）、国家综合配套改革试验区等，依托改革试验平台在创业创新体制机制改革方面积极探索，发挥示范和带动作用，为创业创新制度体系建设提供可复制、可推广的经验。依托自由贸易试验区、国家自主创新示范区、战略性新兴产业集聚区等创业创新资源密集区域，打造若干具有全球影响力的创业创新中心。引导和鼓励创业创新型城市完善环境，推动区域集聚发展。推动实施小微企业创业基地城市示范。鼓励有条件的地方出台各具特色的支持政策，积极盘活闲置的商业用房、工业厂房、企业库房、物流设施和家庭住所、租赁房等资源，为创业者提供低成本办公场所和居住条件。

九、激发创造活力，发展创新型创业

（二十二）支持科研人员创业。加快落实高校、科研院所等专业技术人员离岗创业政策，对经同意离岗的可在3年内保留人事关系，建立健全科研人员双向流动机制。进一步完善创新型中小企业上市股权激励和员工持股计划制度规则。鼓励符合条件的企业按照有关规定，通过股权、期权、分红等激励方式，调动科研人员创业积极性。支持鼓励学会、协会、研究会等科技社团为科技人员和创业企业提供咨询服务。

（二十三）支持大学生创业。深入实施大学生创业引领计划，整合发展高校毕业生就业创业基金。引导和鼓励高校统筹资源，抓紧落实大学生创业指导服务机构、人员、场地、经费等。引导和鼓励成功创业者、知名企业家、天使和创业投资人、专家学者等担任兼职创业导师，提供包括创业方案、创业渠道等创业辅导。建立健全弹性学制管理办法，支持大学生保留学籍休学创业。

（二十四）支持境外人才来华创业。发挥留学回国人才特别是领军人才、高端人才的创业引领带动作用。继续推进人力资源市场对外开放，建立和完善境外高端创业创新人才引进机制。进一步放宽外籍高端人才来华创业办理签证、永久居留证等条件，简化开办企业审批流程，探索由事前审批调整为事后备案。引导和鼓励地方对回国创业高端人才和境外高端人才来华创办高科技企业给予一次性创业启动资金，在配偶就业、子女入学、医疗、住房、社会保障等方面完善相关措施。加强海外科技人才离岸创业基地建设，把更多的国外创业创新资源引入国内。

十、拓展城乡创业渠道，实现创业带动就业

（二十五）支持电子商务向基层延伸。引导和鼓励集办公服务、投融资支持、创业辅导、渠道开拓于一体的市场化网商创业平台发展。鼓励龙头企业结合乡村特点建立电子商务交易服务平台、商品集散平台和物流中心，推动农村依托互联网创业。鼓励电子商务第三方交易平台渠道下沉，带动城乡基层创业人员依托其平台和经营网络开展创业。完善有利于中小网商发展的相关措施，在风险可控、商业可持续的前提下支持发展面向中小网商的融资贷款业务。

（二十六）支持返乡创业集聚发展。结合城乡区域特点，建立有市场竞争力的协作创业模式，形成各具特色的返乡人员创业联盟。引导返乡创业人员融入特色专业市场，打造具有区域特点的创业集群和优势产业集群。深入实施农村青年创业富民行动，支持返乡创业人员因地制宜围绕休闲农业、农产品深加工、乡村旅游、农村服务业等开展创业，完善家庭农场等新型农业经营主体发展环境。

（二十七）完善基层创业支撑服务。加强城乡基层创业人员社保、住房、教育、医疗等公共服务体系建设，完善跨区域创业转移接续制度。健全职业技能培训体系，加强远程公益创业培训，提升基层创业人员创业能力。引导和鼓励中小金融机构开展面向基层创业创新的金融产品创新，发挥社区地理和软环境优势，支持社区创业者创业。引导和鼓励行业龙头企业、大型物流企业发挥优势，拓展乡村信息资源、物流仓储等技术和服务网络，为基层创业提供支撑。

十一、加强统筹协调，完善协同机制

（二十八）加强组织领导。建立由发展改革委牵头的推进大众创业万众创新部际联席会议制度，加强顶层设计和统筹协调。各地区、各部门要立足改革创新，坚持需求导向，从根本上解决创业创新中面临的各种体制机制问题，共同推进大众创业、万众创新蓬勃发展。重大事项要及时向国务院报告。

（二十九）加强政策协调联动。建立部门之间、部门与地方之间政策协调联动机制，形成强大合力。各地区、各部门要系统梳理已发布的有关支持创业创新发展的各项政策措施，抓紧推进“立、改、废”工作，将对初创企业的扶持方式从选拔式、分配式向普惠式、引领式转变。建立健全创业创新政策协调审查制度，增强政策普惠性、连贯性和协同性。

（三十）加强政策落实情况督查。加快建立推进大众创业、万众创新有关普惠性政策措施落实情况督查督导机制，建立和完善政策执行评估体系和通报制度，全力打通决策部署的“最先一公里”和政策落实的“最后一公里”，确保各项政策措施落地生根。

各地区、各部门要进一步统一思想认识，高度重视、认真落实本意见的各项要求，结合本地区、本部门实际明确任务分工、落实工作责任，主动作为、敢于担当，积极研究解决新问题，及时总结推广经验做法，加大宣传力度，加强舆论引导，推动本意见确定的各项政策措施落实到位，不断拓展大众创业、万众创新的空间，汇聚经济社会发展新动能，促进我国经济保持中高速增长、迈向中高端水平。

国务院

2015年6月11日

教育部关于举办首届中国“互联网+”大学生创新创业大赛的通知

教高函〔2015〕4号

各省、自治区、直辖市教育厅（教委），新疆生产建设兵团教育局，有关部门（单位）教育司（局），部属各高等学校：

为贯彻落实《国务院办公厅关于深化高等学校创新创业教育改革的实施意见》（国办发〔2015〕36号），进一步激发高校学生创新创业热情，展示高校创新创业教育成果，定于2015年5月至10月举办首届中国“互联网+”大学生创新创业大赛。现将有关事项通知如下：

一、大赛主题

“互联网+”成就梦想　创新创业开辟未来

二、大赛目的与任务

旨在深化高等教育综合改革，激发大学生的创造力，培养造就“大众创业、万众创新”的生力军；推动赛事成果转化，促进“互联网+”新业态形成，服务经济提质增效升级；以创新引领创业、创业带动就业，推动高校毕业生更高质量创业就业。

重在把大赛作为深化创新创业教育改革的重要抓手，引导各地各高校主动服务创新驱动发展战略，创新人才培养机制，切实提高高校学生的创新精神、创业意识和创新创业能力。

三、组织机构

本次大赛由教育部与有关部委和吉林省人民政府共同主办，吉林大学承办。

大赛设立组织委员会（简称大赛组委会），由教育部部长袁贵仁和吉林省省长蒋超良担任主任，有关部门负责人作为成员，负责大赛的组织实施。

大赛设立专家委员会，由大赛组委会邀请行业企业、创投风投机构、大学科技园、高校和科研院所专家组成，负责参赛项目的评审工作，指导大学生创新创业。

各省（区、市）可根据实际成立相应的机构，负责本地初赛和复赛的组织实施、项目评审和推荐等工作。

四、参赛项目要求

参赛项目要求能够将移动互联网、云计算、大数据、物联网等新一代信息技术与行业产业紧密结合，培育产生基于互联网的新产品、新服务、新业态、新模式，以及推动互联网与教育、医疗、社区等深度融合的公共服务创新。主要包括以下类型：

1.“互联网+”传统产业：新一代信息技术在传统产业（含一二三产业）领域应用的创新创业项目；

2.“互联网+”新业态：基于互联网的新产品、新模式、新业态创新创业项目，优先鼓励人工智能产业、智能汽车、智能家居、可穿戴设备、互联网金融、线上线下互动的新兴消费、大规模个性定制等融合型新产品、新模式；

3.“互联网+”公共服务：互联网与教育、医疗、社区等结合的创新创业项目；

4.“互联网+”技术支撑平台：互联网、云计算、大数据、物联网等新一代信息技术创新创业项目。

参赛项目内容须健康、合法，无任何不良信息。参赛项目所涉及的发明创造、专利技术、资源等必须拥有清晰合法的知识产权或物权，报名时需提交完整的具有法律效力的所有人书面授权许可书、项目鉴定证书、专利证书等。抄袭、盗用、提供虚假材料或违反相关法律法规一经发现即刻丧失参赛相关权利并自负一切法律责任。对于已注册运营的项目，在报名时需提交单位概况、法定代表人情况、组织机构代码复印件等相关证明材料。

五、参赛对象

大赛分为创意组和实践组。

创意组参赛条件：申报人是团队负责人或创业企业法人，为普通高等学校在校生（不含在职）；团队尚未正式注册或注册时间晚于2015年5月1日。

实践组参赛条件：申报人是创业企业法人，为普通高等学校在校生（不含在职）或毕业5年以内的毕业生；创业企业在2015年5月1日前已注册。

以创新创业团队为单位报名参赛。允许跨校组建团队。每个参赛团队成员不少于3人。

六、比赛方式

大赛采用校级初赛、省级复赛、全国总决赛三级赛制。在校级初赛、省级复赛基础上，按照组委会配额择优遴选项目进入全国决赛。全国共产生300个团队入围全国总决赛，其中创意组100个团队，实践组200个团队。每所高校入选全国总决赛团队总数不超过3个。

七、大赛奖励

大赛设金奖30个、银奖70个、铜奖200个，奖励获奖项目。同时，设置集体奖，按照高校获奖情况奖励前20名；设置优秀组织奖，按照省级竞赛组织和获奖情况奖励8名。

八、赛程安排

1.参赛报名（6—7月）。参赛团队登录“全国大学生创业服务网”（http://cy.ncss.org.cn）进行报名，也可通过大赛移动端报名(下载大赛APP或订阅大赛微信公众帐号)。报名时间为2015年6月8日至7月31日。

2.初赛复赛（7—9月）。初赛复赛的比赛环节、评审方式等由各高校、各省（区、市）自行决定。各高校对本校报名的项目组织初赛，遴选参加省级复赛的项目。各省（区、市）在9月15日前完成省级复赛，遴选参加全国总决赛的候选项目。

3.全国总决赛（10月）。大赛评审委员会对入围全国决赛项目进行第一轮网上评审，择优选拔100个项目进行下一轮现场决赛。举行现场决赛开幕仪式，决出金、银奖。举办大赛颁奖典礼。

九、评审规则

请6月10日后登录“全国大学生创业服务网”（http://cy.ncss.org.cn）查询。

各地各高校要认真做好大赛的宣传动员和组织工作。各省（区、市）教育行政部门要组织做好省级比赛和项目推荐工作。各高校要认真组织动员团队参赛，为在校生和毕业生参与竞赛提供必要的条件和支持，做好学校初赛组织工作。同时，坚持以赛促学、以赛促练，积极推进高校学生创新创业训练和实践，不断提高创新创业人才培养水平，推动形成“大众创业、万众创新”的新局面。

大赛有关事宜，可与教育部高等教育司、全国高等学校学生信息咨询与就业指导中心及吉林大学联系。

1.大赛工作QQ群为：460798492，请每个参赛省（区、市）指定两名工作人员加入该群，便于赛事工作沟通及交流。

2.大赛组委会联系人：

全国高等学校学生信息咨询与就业指导中心　　黄　晶

联系电话：（010）66092081，传真：（010）66097332

电子邮箱：huangjing@moe.edu.cn

地址：北京市西城区大木仓胡同37号，邮编：100816

吉林大学团委　　代　磊

联系电话：（0431）85166554，传真：（0431）85159217

电子邮箱：dailei@jlu.edu.cn

地址：吉林省长春市前进大街2699号，邮编：130012

教育部高等教育司理工处　　李　灿

联系电话：（010）66096262，传真：（010）66096949

电子邮箱：lican@moe.edu.cn

地址：北京市西城区大木仓胡同37号，邮编：100816

教育部

2015年5月21日

安徽省教育厅关于举办首届安徽省“互联网+”大学生创新创业大赛暨首届中国“互联网+”大学生创新创业大赛选拔赛的通知

皖教秘高〔2015〕72号

各高等学校、合肥国家大学科技园：

为贯彻落实《国务院办公厅关于深化高等学校创新创业教育改革的实施意见》（国办发〔2015〕36号），按照教育部统一部署，经研究，决定举办首届安徽省“互联网+”大学生创新创业大赛暨首届中国“互联网+”大学生创新创业大赛安徽省选拔赛。现将有关事项通知如下：

一、大赛主题

“互联网+”成就梦想创新创业开辟未来

二、大赛目的与任务

以大赛为抓手，进一步宣传贯彻国家创新驱动战略和“互联网+”发展战略，深化我省高等教育综合改革，推动我省高校学科专业内涵创新发展，创新人才培养机制，切实提高高校学生的创新精神、创业意识和创新创业能力；进一步激发大学生的创造力，培养造就“大众创业、万众创新”的生力军，引导各高校主动服务经济和社会发展，推动赛事成果转化，促进“互联网+”新业态、新模式、新经济的形成，助推产业转型发展，以创新引领创业、创业带动就业，推动高校毕业生更高质量创业就业。

三、组织机构

本次大赛由安徽省教育厅主办，合肥工业大学和合肥学院共同承办。

大赛设立组织委员会（简称大赛组委会）、专家指导委员会、裁判委员会、秘书处。

大赛组委会由教育厅厅长程艺、中国工程院院士杨善林教授担任主任，教育厅副厅长李和平担任常务副主任；中国科学技术大学、合肥工业大学、安徽大学等全省本科高校以及国家示范高职、国家骨干高职校长（院长）、安徽省教育厅有关处室和合肥国家大学科技园负责人担任副主任，以上高校分管教学（创新创业）副校长（副院长）作为委员。大赛组委会负责大赛组织实施指导工作。

大赛组委会邀请行业企业、创投风投机构、大学科技园、高校和科研院所等单位专家组成专家指导委员会，负责参赛项目的评审工作，并指导大学生创新创业大赛国赛工作。由中国工程院院士杨善林担任专家指导委员会主任。

大赛组委会邀请行业企业、高校和科研院所、政府机关、纪检部门等单位专家和领导组成立裁判委员会，负责大赛仲裁事宜。由合肥学院党委书记蔡敬民教授担任裁判委员会主任。

大赛秘书处设在合肥工业大学。由合肥工业大学管理学院院长梁昌勇和合肥学院副校长刘建中担任秘书长，梁昌勇担任执行秘书长，负责省赛、国赛日常组织工作。

各高等学校根据实际应成立校级组织机构，由本校主要负责人担任主任，负责本校预赛以及参加省赛、国赛工作的组织实施，并向大赛组委会秘书处报告有关大赛组织情况。

四、参赛项目要求

参赛项目要求能够将移动互联网、云计算、大数据、物联网等新一代信息技术与行业产业紧密结合，培育产生基于互联网的新产品、新服务、新业态、新模式，以及推动互联网与教育、医疗、社区等深度融合的公共服务创新。主要包括以下类型：

1. “互联网+”传统产业：新一代信息技术在传统产业（含一二三产业）领域应用的创新创业项目；

2. “互联网+”新业态：基于互联网的新产品、新模式、新业态创新创业项目，优先鼓励人工智能产业、智能汽车、智能家居、可穿戴设备、互联网金融、线上线下互动的新兴消费、大规模个性定制等融合型新产品、新模式；

3. “互联网+”公共服务：互联网与教育、医疗、社区等结合的创新创业项目；

4. “互联网+”技术支撑平台：互联网、云计算、大数据、物联网等新一代信息技术创新创业项目。

参赛项目内容须健康、合法，无任何不良信息。参赛项目所涉及的发明创造、专利技术、资源等必须拥有清晰合法的知识产权或物权，报名时需提交完整的具有法律效力的所有人书面授权许可书、项目鉴定证书、专利证书等。抄袭、盗用、提供虚假材料或违反相关法律法规一经发现即刻取消参赛相关权利并自负一切法律责任。对于已注册运营的项目，在报名时需提交单位概况、法定代表人情况、组织机构代码复印件等相关证明材料。

五、参赛对象

大赛分为创意组和实践组。

创意组参赛条件：申报人是团队负责人或创业企业法人，为普通高等学校在校生（不含在职）；团队尚未正式注册或注册时间晚于2015年5月1日。

实践组参赛条件：申报人是创业企业法人，为普通高等学校在校生（不含在职）或毕业5年以内的毕业生；创业企业在2015年5月1日前已注册。

以创新创业团队为单位报名参赛。允许跨校组建团队。每个参赛团队成员不少于3人。

六、赛程安排

1.大赛报名阶段（2015年6月8日—7月31日）：参赛团队登录“全国大学生创业服务网”（http://cy.ncss.org.cn）进行报名，也可以通过大赛移动客户端报名（下载大赛APP或订阅大赛微信公共帐号）。各高校应及时将参赛报名情况上报大赛秘书处汇总。

2.校园赛（2015年8月1日—8月15日）：校园赛的比赛环节、评审方式由各高校自行决定，各高校对本校报名的项目进行评审遴选，每校推荐项目不低于3项。

3.安徽省总决赛（2015年8月15日—9月10日）：大赛组委会根据各校推荐参加省赛情况，由大赛专家指导委员对参赛队伍进行复审，通过复审的队伍进入安徽省总决赛，由组委会邀请评审专家进行现场决赛，举行现场决赛开幕仪式，决出金、银、铜奖，并举办大赛颁奖典礼。

4.推荐参加全国总决赛（2015年9月11日—全国总决赛时间）：大赛组

委会根据安徽省总决赛情况和全国总决赛分配的名额遴选安徽省代表队。按两个组别共8个项目类别确定牵头高校分别负责参加国赛项目的省级集训工作。分别成立专家组对每个项目进行指导。

七、经费支持和奖励

1.经费支持

各省属高校参加比赛所需经费从各高校提升计划项目经费中列支，其他高校经费自筹。负责牵头国赛省级集训的高校，省教育厅按重大教改项目给予立项支持。安徽省总决赛和全国总决赛的所需经费由省教育厅拨付给安徽省大学生创新创业办公室统筹使用。

2.参赛项目奖励

大赛设金、银、铜奖三个等级，金奖数为晋级省总决赛项目数目的10%，银奖数为晋级省总决赛数目的20%，铜奖数为晋级省总决赛数目的30%。

通过校园赛推荐参加省总决赛的学生团队，原则上各高校应给予相应创新学分认可，并在保研、评优工作中给予倾斜。

3.全国总决赛获奖的奖励

为了激励教师积极参与创新创业大赛，投身“互联网+”创新创业教育改革与实践，提升高校的创新创业教育能力和水平，对在全国总决赛中获得金、银奖的指导教师和团队项目，按照安徽省省级教学成果奖的评审程序，由学校组织、指导教师牵头申报，经评委会评审后可对应授予一等奖、二等奖，不占学校当年申报名额。

八、评审规则

省大赛组委会将根据全国大赛评审规则，结合安徽省高校的创新创业现实，制定出安徽省大赛评审规则。全国大赛评审规则请登录“全国大学生创业服务网”（http://cy.ncss.org.cn）查询。

各高校要认真做好大赛的宣传动员和组织工作、项目推荐工作。大赛组委会将开通安徽省“互联网+”大学生创新创业大赛网站(http://210.45.241.157/discuz/portal.php)，供大赛信息发布和交流。

各高校要认真组织动员团队参赛，为在校生和毕业生参与竞赛提供必要的条件和支持，做好校级初赛组织工作。同时，坚持以赛促学、以赛促练，积极推进高校学生创新创业训练和实践，不断提高创新创业人才培养水平，推动形成“大众创业、万众创新”的新局面。

大赛有关事宜，可与大赛秘书处联系。

安徽省“互联网+”大学生创新创业大赛QQ交流群：376885742,请每所高校指定两名工作人员加入该群，便于赛事工作沟通及交流。

大赛组委会联系人：尚广海　杨乾坤

联系电话：0551-62901484　13739242626

附件：

1.首届安徽省“互联网+”大学生创新创业大赛暨首届中国“互联网+”大学生创新创业大赛选拔赛组织机构

2.教育部关于举办首届中国“互联网+”大学生创新创业大赛的通知

安徽省教育厅

2015年6月11日

安徽省教育厅关于开展“双创之星”评选表彰工作的通知

皖教秘高〔2015〕85号

各市、省直管县教育局，各高等学校：

为贯彻落实《国务院办公厅关于深化高等学校创新创业教育改革的实施意见》（国办发〔2015〕36号）精神，系统总结我省高等教育和中等职业教育创新创业教育改革成果，引导广大青年学生切实增强创新精神、创业意识和创新创业能力，呼吁全社会更加关心、关注、支持青年学生创新创业，进而推动形成大众创业、万众创新的良好社会氛围，经研究，决定在全省普通高等学校和中等职业学校开展“创新之星”和“创业之星”（以下简称“双创之星”）评选表彰工作。现将有关事项通知如下：

一、主题

树创新创业典型，促教育教学改革。

二、评选对象

评选分为“创新之星”和“创业之星”两类。

在全省各普通高等学校、中等职业学校全日制在校生（不含在职）中评选“创新之星”。

在全省各普通高等学校、中等职业学校全日制在校生或毕业一定年限内的毕业生中评选“创业之星”。

三、申报条件

1.“创新之星”申报条件：

（1）普通高校全日制在校本、专科生及研究生和中等职业学校在校生（含2015届毕业生）；

（2）思想政治素质高，严格遵守校规校纪，无不良记录；

（3）品学兼优，要求上进，社会责任感强，专业课成绩优良；

（4）公开发表学术科技作品、获得专利（包括发明专利、外观设计、实用新型专利等）或在省级以上学科和技能竞赛、国家级大学生创新创业训练计划中取得显著成绩。

2.“创业之星”申报条件：

（1）普通高校本、专科生及研究生和中等职业学校全日制在校生；或以上学校2010年5月1日（含5月1日）以后毕业的毕业生；

（2）思想政治素质高，遵纪守法，无不良记录；

（3）爱国敬业，诚信友善，有较强的社会公益心与责任感；

（4）自主创业并初具规模，发展势头良好，在一定范围内有较大影响，成为某一领域的优秀代表；或在具体工作岗位通过创新取得创造性工作实绩，获得显著社会效益与经济效益。

四、申报要求

1.各普通高校负责组织评审、遴选推荐本校“双创之星”，可选择以个人或团队形式进行申报，“创新之星”和“创业之星”数额自定，每校申报总额不突破在校学生总数的1‰，公示无异议后将相关材料报送至省教育厅高教处。

2.各中等职业学校负责组织评审、遴选推荐本校“双创之星”，可选择以个人或团队形式进行申报，“创新之星”和“创业之星”数额自定，校内公示无异议后报送所在市（直管县）教育局。各市（县）教育局在辖区中等职业学校推荐基础上择优遴选，申报总额不突破辖区中职在校学生总数的1‰，公示无异议后将相关材料报送至省教育厅职成处。

3.申报材料包括：

（1）《安徽省“双创之星”申请推荐表（“创新之星”）》（见附件1）或《安徽省“双创之星”申请推荐表（“创业之星”）》（见附件2）；

（2）《安徽省“双创之星”申报推荐情况汇总表》（见附件3）；

（3）支撑材料。包括能够支撑自身在创新创业领域取得突出成果的文字总结材料（2000字左右）、相关成果证明材料、个人（团队）照片及成果展示图片（电子图片大小不低于2MB），装订成册。

以上材料要求同时报送电子版与纸质版，纸质版一式三份。

4.申报时间截止至2015年8月5日，逾期不再受理。各高校申报材料纸质版寄送至省教育厅高教处，电子版发送至ahgjc@ahedu.gov.cn；各市

（县）教育局申报材料纸质版寄送至省教育厅职成处，电子版发送至zcc@ahedu.gov.cn。

五、评选表彰

省教育厅届时将组织专家进行评审，共评选表彰“创新之星”100名、“创业之星”100名。

经专家评议，分别授予一定数量的“创新之星”和“创业之星”提名奖。

高教处联系人：胡程、彭璐、张春，联系电话：0551-62831841、0551-62818295

职成处联系人：饶庆眉、胡晶晶，联系电话：0551-62831846

联系地址：合肥市金寨路321号，邮编：230061。

安徽省教育厅

2015年7月10日